LA
MÈRE MARIE DE JÉSUS
DELUIL-MARTINY

FONDATRICE DE LA SOCIÉTÉ

DES FILLES DU CŒUR DE JÉSUS

ET SON ŒUVRE

Oportet Illum regnare...
Il faut que le Cœur de JÉSUS règne.
Pater dimitte...
Pour l'Œuvre!

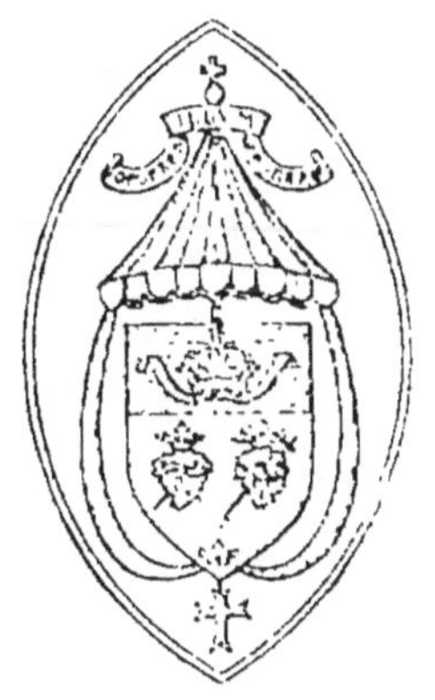

SEPTIÈME EDITION

1917.

Fondatrice de la Société des Filles
du Cœur de Jésus

1841 - MARSEILLE - 1884

Propr. réservée   Importé d'Italie

PRIÈRE
POUR DEMANDER LA BÉATIFICATION
DE LA
MÈRE MARIE DE JÉSUS

O Jésus, Pontife éternel, au nom de votre Sang divin répandu sur le Calvaire, au nom des larmes de Marie, Mère des Douleurs, protégez le Souverain Pontife, répandez une nouvelle effusion de grâces dans les âmes de vos Prêtres, rendez vains les efforts des sectes, et faites que la Sainte Eglise triomphe de tous ses ennemis.

C'est dans ce but que la Mère Marie de Jésus, Deluil-Martiny, après s'être sacrifiée pendant sa vie, versa son sang en tombant victime d'un impie sectaire et anarchiste.

Cœur de Jésus, daignez écouter nos supplications et Vous glorifier Vous-même en glorifiant votre humble servante, daignez faire sentir de plus en plus à ceux qui l'invoquent sa particulière protection et nous accorder les miracles que la Sainte Eglise réclame pour la béatification de ses enfants.

Pater, Ave, Gloria.

IMPRIMATUR:
In Curia Arch., Mediolani, die 1 Aprilis 1924
Can. M. CAVEZZALI, *Pro Vic. Gen.*

Tip. S. Lega Eucaristica - Milano.

LA
MÈRE MARIE DE JÉSUS

DELUIL-MARTINY

FONDATRICE DE LA SOCIÉTÉ

DES FILLES DU CŒUR DE JÉSUS

ET SON ŒUVRE

Oportet Illum regnare. . . .
Il faut que le Cœur de JÉSUS règne.
Pater dimitte. . . .
Pour l'Œuvre!

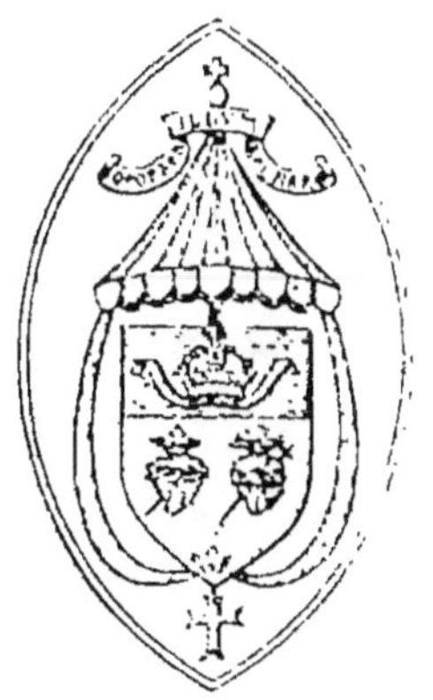

Septième Édition

1917.

APPROBATION DE LA PREMIÈRE ÉDITION

Nous autorisons bien volontiers l'impression de la Notice sur la Mère Marie de Jésus _et sur l'Œuvre qu'elle a fondée._

Les lecteurs y trouveront de grands sujets d'édification et de nouveaux motifs de confiance dans la dévotion au Cœur adorable de Jésus.

Marseille, le 2 juillet 1886.
en la fête du Sacré-Cœur.

† LOUIS, évêque de Marseille

APPROBATION DE LA TROISIÈME ÉDITION

En autorisant la réimpression du présent opuscule, Nous faisons des vœux pour qu'il se répande, car il est de nature à faire apprécier et estimer davantage la dévotion au Sacré-Cœur de Jésus.

Tournay, le 28 septembre 1907.

† C. G., évêque de Tournay.

IMPRIMATUR.

Ad S. Gallum, die 8. Augusti 1917.

Ex mandato
Rev^{mi} ac Jll^{mi} D. Episcopi:
A. Müller, Offic. Ep.

****

Cette notice sur la Mère MARIE DE JÉSUS ne contint d'abord, dans la première édition, que quelques pages sur la vénérée fondatrice des Filles du Cœur de JÉSUS. Le R. P. A. MONNIN, S. J., les avait écrites avec une pieuse délicatesse et un talent auxquels nous rendrons toujours un hommage reconnaissant.

Toutefois, ce n'était que l'ébauche d'un travail qu'une mort prématurée est venue interrompre. Il fallait donc, avec les années, revoir et compléter. C'est à la suite de M. le chanoine L. Laplace, dans son œuvre splendide à tous égards «LA MÈRE MARIE DE JÉSUS DELUIL-MARTINY», que nous avons refait, en troisième édition, ce modeste opuscule.

Nous recommandons très vivement à tous ceux de nos lecteurs qui en auraient le goût et les loisirs, de lire l'ouvrage complet du chanoine Laplace.[1] Il ne manquera pas de les intéresser en les édifiant.

Il a été honoré des approbations suivantes:

Lettre de S. E. le Cardinal MERRY DEL VAL,
     ,,   ,,   ,,   RAMPOLLA,
     ,,   ,,   ,,   C. MAZZELLA,
     ,,   ,,   ,,   GOOSSENS,
     ,,   ,,   ,,   BOURRET,
     ,,   S. G. Mgr l'Archev. de Turin,
     ,,   S. G. Mgr l'Evêque de Marseille,
     ,,   ,,   ,,   de Belley.

---

1) ,, Vie ,, et ,, Lettres ,, de M. Marie de JÉSUS, 2 vol. à 3 frs, chez Casterman 66 — rue Bonaparte, Paris et P. Lethielleux, 10, Rue Cassette, Paris.

MÈRE MARIE DE JÉSUS
DELUIL-MARTINY
FONDATRICE DE LA SOCIÉTÉ
DES FILLES DU CŒUR DE JÉSUS
ET SON ŒUVRE

«Quelle blessure au cœur que ces triomphes de l'impiété et de la secte ! J'en suis navrée. *C'est pour réparer de tels outrages que nous sommes nées.* Que ne puis-je les laver de mon sang ! . . .

(*Lettre de la R. M. Marie de* JÉSUS *à une de ses amies, 10. janvier 1883.*)

«O Agneau du Père céleste, acceptez-nous comme vos agneaux ; marquez-nous *pour l'immolation ;* unissez-nous à Vous sur la CROIX et sur l'AUTEL formez nos cœurs selon votre Cœur victime.»

(*Circulaire de la R. M. Marie de* JÉSUS *à ses filles, 8 décembre 1882.*

I.

Dans l'après-midi du 27 février 1884, le bruit d'un crime horrible se répandait à Marseille et plongeait cette ville dans la stupeur. On apprenait que la fondatrice de la Servianne, Mère Marie de Jésus Deluil-Martiny et son Assistante venaient d'être assassinées.

Voici, fidèlement reproduits par celle des deux victimes qui a survécu à la catastrophe, les principaux détails de cet odieux attentat.

La veille du mercredi des Cendres avait été une journée de prière et de réparation. Avant l'exercice du soir, la Mère Supérieure avait fait à ses chères filles ses recommandations pour le temps du Carême, leur donnant comme pratique le silence et la pureté d'intention.

La matinée qui suivit s'écoula dans le recueillement, ainsi que le comportait la sainteté du jour.

A onze heures, l'Assistante avait coutume de faire un tour dans la serre et d'y cueillir des fleurs pour l'autel; ce jour-là, Dieu permit qu'elle n'y fût pas. On frémit, dit-elle, à la pensée de ce qui pouvait arriver; car l'assassin était là, en embuscade depuis le matin, tout à fait à l'aise pour commettre son crime; impossible d'appeler au secours, de se faire entendre de personne. Ne me voyant pas paraître à l'heure du dîner, la Communauté, la pauvre Mère en tête, m'aurait cherchée et, dans cette *souricière* de la serre, le misérable pouvait tranquillement assassiner, l'une après l'autre, toutes celles de nos sœurs qui se seraient présentées. Notre malheur, déjà si grand, pouvait l'être encore plus.

‹A midi, je me rendis chez notre Mère

bien-aimée et la trouvai occupée à un travail d'écriture qu'elle était pressée d'achever. «J'espère, me dit-elle, que vous serez contente de moi: je vais avoir fini ce soir.» «Je l'embrassai avec une tendre effusion, je n'ose pas dire, quoique ce soit bien vrai, avec une inexprimable angoisse qui ne m'a plus quittée jusqu'au moment fatal. Avais-je le pressentiment que cette étreinte serait la dernière?»

Ici commence un récit palpitant auquel nous nous reprocherions de changer un seul mot.

«Au bout du jardin de la Servianne, sur le penchant d'un côteau dominant la prairie, est un bouquet de pins où nos sœurs avaient coutume de prendre la récréation du milieu du jour, tantôt assises en rond, autour de leur Supérieure, tantôt parcourant avec elle les sentiers du bois.

«Il était un peu plus d'une heure; il soufflait alors un vent frais qui nous obligea de descendre le long d'une grande allée, tracée en corniche au-dessous d'un bois de pins, pour nous abriter pendant l'hiver. Nous avions monté et descendu deux fois cette allée, nous faisions face à la maison, éloignées d'elle de trois à quatre cents mètres, lorsque, tout à coup, notre Mère dit: ‹Ah! il y a un homme là, dans la *pinède!* Je n'y fis pas grande attention, mais quand une des nôtres reprit : «C'est Louis!», je me retournai vivement et je le vis, en effet, venant à nous. Il avait la main droite dans la poche de sa veste et, sur sa figure blême, un sourire diabolique. J'eus l'idée qu'il allait faire un mauvais coup, peut-être se tuer devant nous. «Eh bien! Louis, dit avec bonté notre vénérée Mère, quand il fut à portée de l'entendre, avez-vous une place? Il ne faut pas vous décourager; vous finirez bien par trouver quelque chose.» Il répondit par une sorte de grognement sourd et inintelligible, sans même prendre la peine d'ôter son chapeau, ce qui me confirma dans ma sinistre pensée.

«Au même instant, s'aidant de la main gauche, il descendit avec précaution le talus qui nous séparait de lui; et, en un clin-d'œil, avant même qu'il me fût possible de faire un mouvement, il saisit notre pauvre Mère par la tête et, à bout portant, appuyant le canon de son arme sur la veine carotide, il fit feu deux fois; puis, lâchant sa victime, sûr qu'elle n'en échapperait pas, il se précipite sur moi, prompt comme l'éclair, et décharge trois fois son revolver. Je me souviens que, par un geste automatique, je détournai son bras et, voulant défendre ma Mère, c'est moi que je défendais. Ceci se passa en moins de temps que je ne mets à l'écrire. Les cinq détonations furent à peine entendues, et c'est à mes cris, à une plainte étouffée

de notre Mère, que les sœurs, qui marchaient
devant nous, se retournèrent.... »

Quel spectacle s'offrit à leurs yeux! La
Mère Marie de Jésus, sans voile, la tête dans
ses mains; la Mère assistante, les vêtements
en désordre, criant et se débattant contre le
meurtrier qui l'étreignait d'une main, tandis
que, de l'autre, il la frappait à coups ré-
doublés et lui pétrissait le crâne avec la
crosse de son pistolet.

Les sœurs alors de s'élancer toutes à la fois
et de se jeter entre l'assassin et ses victimes;
mais lui, l'œil en feu, l'écume à la bouche, les
cheveux en broussailles, ressemblant plus à
un démon qu'à un homme, essayait de les tenir
à distance avec son arme, jusqu'à ce que, serré
de près et voyant qu'on appelait au secours,
il s'éloigna de quelques pas dans le ravin,
s'arrêtant et se retournant comme pour con-
templer son ouvrage et, peut-être, pour
l'achever, si l'arrivée d'un bûcheron, qui
travaillait dans le voisinage et qui accourait
aux cris d'alarme poussés par la Communauté, ne l'eût mis en fuite.

Cependant, la pauvre Mère, soutenue par
deux de ses filles, avait d'abord fait quelques
pas, puis n'avait pas tardé de s'affaisser,
rendant des flots de sang par la bouche
et par le nez, et prononçant d'une voix

rauque, qui allait s'affaiblissant, des sons
inarticulés, à travers lesquels on pouvait
saisir ces mots: Je lui pardonne!... Pour
l'Œuvre! Pour l'Œuvre!

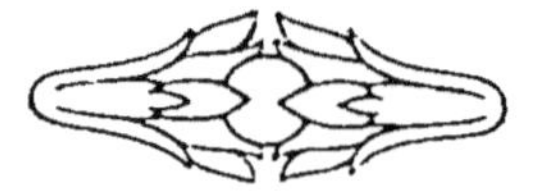

II.

Il me semblait, dit la Mère Assistante, que j'étais étourdie, mais non blessée, et à celles qui s'empressaient autour de moi, je disais d'aller près de notre Mère, que j'avais vue tomber sur le bord du chemin. C'est par une permission du Ciel et pour ne pas troubler ses derniers moments, que le bon Dieu m'a éloignée d'elle à cette heure suprême. Quand je la vis entourée des sœurs plus fortes que moi, je dirigeai mes pas chancelants vers la maison, en continuant d'appeler au secours.

«Des paysans accouraient de tous côtés et, avec eux, notre aumônier, le P. Calage, on devine dans quelle émotion ; il vint à moi et me donna l'absolution, puis il se hâta vers notre Mère, qui était étendue à quelques pas de là, baignée dans son sang, ayant encore sa connaissance, mais ne parlant plus. De l'endroit où elle était tombée, ses yeux restaient fixés sur moi ; ce qu'une sœur remarquant, elle se plaça doucement devant elle pour lui dérober ma vue ; car les forces m'avaient tout à fait abandonnée et j'étais gisante à côte d'elle. Pauvre Mère ! quels siècles de souffrances ont dû être pour elle ces quelques minutes qu'elle a encore vécu ! Son Œuvre si jeune et à peine achevée ! cette mort tragique qui l'arrachait violemment à ses enfants si peu préparées à lui survivre ! Notre-Seigneur a dû tout compter et l'admettre sans retard aux joies du paradis.

‹ Lorsqu'elle passa près de moi, je me soulevai avec effort des bras sur lesquels ma tête s'appuyait et je la vis couchée sur un fauteuil, les vêtements ensanglantés, les cheveux épars, la tête pendante, avec un collier de plaques livides à l'endroit de sa blessure, la pâleur de la mort sur le visage... Je vivrais cent ans que j'aurais toujours cette image devant les yeux et, dans la mémoire, jusqu'aux moindres détails de cette scène affreuse. Mais mon cœur ne voulait pas croire à un si grand malheur et je restais persuadée que la meilleure des Mères ne pouvait pas nous être enlevée.

A mon tour, on me transporta à la maison. Mon Dieu ! quelle souffrance ! Je suppliais qu'on me laissât mourir là, tant le moindre mouvement m'était un supplice ! Pourtant, je n'ai pas perdu connaissance. »

Ce que la Mère assistante ne dit pas, et ce que nous empruntons à un autre récit qui complète le sien, c'est qu'au milieu d'atroces douleurs qui faisaient croire à tout instant qu'elle allait expirer, cette courageuse femme, dont le sang jaillissait de deux blessures reçues à la poitrine, ne cessait de s'unir à Dieu par de brûlantes paroles de résignation et d'amour: «Mon Dieu, mon Dieu! tout ce que vous voudrez; comme vous le voudrez! Ce n'est pas trop souffrir pour vous! Votre volonté et non la mienne!... Notre-Seigneur m'avait bien dit, ce matin, qu'il me ferait souffrir, mais je ne croyais pas que ce serait à ce point! Moi! ce n'est rien! mais notre bonne Mère!» Puis, elle demandait à ses sœurs de réciter les sept paroles de Notre-Seigneur sur la croix. Et sa pensée revenait continuellement à sa Mère: «Cette Mère bien-aimée, où est-elle? Comment se trouve-t-elle? Souffre-t-elle beaucoup? On lui répondit qu'elle était *très faible*. Le P. Calage venait de lui donner l'Extrême-Onction; mais il est à croire que son âme avait déjà quitté la terre et se reposait sur le Cœur du Bien-Aimé. Elle était morte sans avoir pu ajouter une parole à la parole du pardon et du sacrifice. Ainsi devait se couronner cette vie consacrée à une immolation de chaque jour, pour appeler sur le monde la miséricorde et le pardon.

Ne peut-on pas rapprocher des événements de ce jour la phrase dite à Marie Deluil-Martiny, dix-huit ans auparavant et sur cette terre même de la Servianne par le directeur de son âme, le P. Calage? ·Les âmes de l'œuvre future seront comme plongées dans le sang. Marie avait rapporté cette parole et elle avait ajouté: ·Mon Dieu, soyez un jour glorifié là!... Qui sait si le Cœur immolé de Jésus ne prépare rien de spécial à ce coin de terre? Cette pensée m'est arrivée à l'âme depuis longtemps.· Ni le P. Calage ni Marie ne pensaient si bien dire!

III.

Mandés en toute hâte, continue la Mère Assistante, les médecins des environs ne tardèrent pas d'arriver; j'entendis le docteur de la maison se rendre dans la chambre de notre Mère, et peu aprés il vint près de moi. «Le pansement est déjà fait? lui dis-je. — Oui, me répondit-il , et il me recommanda de ne pas m'inquiéter. A différentes reprises, la même recommandation me fut faite par les différentes personnes que je ne me lassais pas d'interroger et qui redoutaient pour moi l'effet d'un coup trop soudain et d'une émotion trop vive. Ce n'est que le lendemain qu'on m'apprit le fatal dénouement.

«La Communauté a été admirable de sang-froid et de courage. Pas une de ces pauvres enfants n'a perdu la tête, pas une n'a faibli. De la couche funèbre où reposait une Mère qu'elles chérissaient et qui le méritait si bien, elles venaient entourer celle qu'elles savaient devoir la remplacer si mal; elles lui souriaient à travers leurs larmes, elles cherchaient à lui cacher la désolation de leur cœur pour ne pas déchirer le sien. »

Quant à l'assassin, la justice n'est pas toujours lente à frapper; presque en même temps que sa victime, le malheureux paraissait devant Dieu. Il s'était arrêté au bas de la colline, pour recharger son arme, puis, se sentant poursuivi, il avait gravi précipitamment les pentes opposées et, blotti contre un rocher, il pouvait suivre avec une joie féroce les péripéties du drame qui se déroulait devant lui; il voyait dans leurs robes blanches cet essaim de vierges se débattant éperdument comme une troupe de cygnes au milieu d'une mare de sang.

Cependant, l'alarme avait été donnée et, de proche en proche, la nouvelle du crime était arrivée au village où résidait une brigade de gendarmerie; deux de ces braves gens se détachèrent aussitôt et coururent prêter main-forte aux paysans, dont le cercle allait se resserrant autour du meurtrier. Celui-ci, voyant approcher les gendarmes, attendit qu'ils fussent sur lui et le forcené les reçut avec une décharge. C'est alors que le brigadier, comme si la main de Dieu, appliquant au coupable la loi du talion, avait dirigé son bras, l'étendit mort à ses pieds et atteint au même endroit que sa victime.

Cette Mère si grande et si bonne aura intercédé pour lui; comme le divin Maître, elle aura dit le *Pater, dimitte* du Calvaire; comme lui, elle l'a prononcé en versant tout son sang pour son Œuvre; elle en a arrosé son cher troupeau; toutes en avaient sur leurs vêtements, suprême bénédiction qui s'étendra sur les générations qui viendront après elle, dans son Œuvre bénie, réaliser ses désirs et ceux du Cœur de Jésus.

Comment l'auteur du crime était-il devenu un assassin?

✾✾✾✾✾✾✾✾✾✾✾✾✾✾✾✾✾✾✾✾✾✾✾✾✾✾✾✾✾✾✾✾

IV.

Elevé dans un orphelinat, Louis Chave, son éducation achevée, avait, jusqu'à vingt-deux ans, mené une vie de bohême, s'embarquant pour le Tonkin, mais relâchant en Tunisie; rapatrié ensuite en France, tantôt marchand forain, tantôt journalier, ne sachant pas tenir en place, il semblait, en fin de compte, vouloir se réhabiliter et, dans sa vie et ses mœurs, redevenir chrétien.

Des personnes charitables s'intéressèrent à lui et le recommandèrent à la Supérieure de la Servianne, qui l'accueillit et l'attacha à sa maison en qualité d'aide-jardinier, aux gages de soixante francs par mois.

Tout alla bien au commencement; le nouveau serviteur connaissait peu son métier et s'en acquittait nonchalamment mais il ne donnait prise à aucun reproche grave. Dans une lettre du mois de janvier, à l'Orphelinat d'Aix, il se loue des soins dont il est l'objet, des attentions qu'on a pour lui et des bienfaits de la Supérieure «qu'il aime, dit-il, comme une seconde mère».

Cependant, Chave retombait dans son vice habituel, la paresse; et, bien qu'il fût obligé de convenir qu'il était absolument impropre à son emploi, il écrivit une lettre insolente à sa bienfaitrice, en exigeant que son traitement fût doublé. On lui fit observer qu'il avait été reçu par charité et qu'il était incapable de rendre aucun service au monastère. On lui offrit cependant de le garder jusqu'à ce qu'il eût trouvé une place plus en rapport avec ses aptitudes et mieux rétribuée. Chave regretta sa lettre et demanda comme une faveur de n'être pas renvoyé. On y consentit et, pendant quatre mois, fermant les yeux sur son insuffisance, on prit patience, on essaya de tout pour le corriger; ce fut en vain: il refusait de faire le travail qu'on lui commandait ou le faisait mal.

Le samedi, 23 février, on le pria d'aller chercher un colis à la gare voisine. «Non, je n'irai pas», répondit-il, sans donner aucune raison. Le jour même il disparut. Mais avant de quitter la Servianne, la nuit qui précéda son départ, dans la chambre qu'il occupait à l'aumônerie, il brûla tous ses papiers, à l'exception de quelques journaux, qu'il oublia par mégarde et dont il faisait en cachette sa lecture assidue. Ce fut une révélation; on sut, dès lors, ce que le malheureux lisait à la veille de son crime, où il prenait ses inspirations: c'était deux numéros du *Défi*, organe anarchiste, paraissant à Lyon, où l'on prêchait la guerre à la société. Après d'horribles blasphèmes contre Jésus-Christ, on y racontait l'histoire vraie ou fausse d'un ouvrier qui, renvoyé de l'atelier au déclin de l'âge, enfonce son burin dans le cœur du patron. Le vieillard est condamné aux travaux forcés et l'anarchiste du *Défi* de s'écrier, dans son enthousiasme: Va, vieux camarade, crève au bagne, pour avoir, pendant toute ton existence, engraissé des pourceaux trichinés. Un jour viendra où nous laisserons le crochet pour prendre le fusil et, ce jour-là, nous ferons notre devoir.

Chave *avait fait son devoir*. Ce n'est pas une pensée de vengeance qui a armé son bras; il a d'autres visées, il veut se ruer sur l'Eglise et sur la société; il prend soin de le déclarer dans une lettre adressée le matin même de son crime à l'*Hydre anarchiste*, autre journal révolutionnaire. On va voir que cette lettre procède, en réalité, des excitations au meurtre et au brigandage que nous avons trouvées dans le *Défi*.

On commence par un, y est-il dit, pour

arriver à cent... Je veux avoir la gloire
d'être le premier à commencer et d'ouvrir
la voie à ceux qui seront assez résolus pour
me suivre. Il faut donner l'exemple; ce
n'est pas avec des paroles qu'on changera
les choses... Le dernier conseil que j'ai
donné aux vrais anarchistes est de s'armer,
à mon exemple, d'un bon revolver, d'un
bon poignard et d'une boîte d'allumettes.
C'est pratique, cela; et avec cela seulement,
on peut faire beaucoup de choses... J'appelle
anarchistes d'action ceux qui sont résolus
de vaincre ou de mourir, et non pas ceux
qui attendent que les autres se remuent
pour en faire autant. Si vous voulez que
vos affaires soient bien faites, faites-les vous-
mêmes, et ne découragez pas ceux qui sont
décidés à mourir glorieusement, en com-
battant pour la bonne cause.

«Vous apprendrez mes exploits par les
journaux de Marseille. C'est en plein jour
et à la face de tous que je vais agir; je
vais commencer par incendier un couvent
de religieuses, mettre à mort la supérieure
et la sous-supérieure, qui m'ont jeté sur
le pavé.

«C'est aux cris de «vive l'anarchie et sus
aux bourgeois» que je vais ouvrir le feu;
car là dedans, comme dans toutes les ex-
ploitations, il y a les filles des *bourgeois*

et les filles des *prolétaires* qui servent de domestiques aux autres: ce sont des fanatiques et des souffre-douleurs.

‹Compagnons, il est possible que je sois forcé de partir pour le pays des étoiles. Donc, je vous dis adieu, et je compte sur vous pour me venger et publier ma lettre.›

L'*Hydre*, dans son numéro du 9 mars, où cette lettre est insérée, consacre tout un article à l'attentat de la Servianne. Après avoir donné au meurtrier le nom de brave, de martyr, de *Spartacus*, elle termine son dithyrambe par ces mots: ‹La charité chrétienne, bouclier des turpitudes cléricales, méritait un sanglant rappel à la pudeur, c'est fait!›

Puis, parlant de Chave: ‹Nous l'approuvons en tous points et nous regrettons d'avoir perdu un compagnon qui aurait pu, à un moment donnée, se rendre utile. Son exemple servira de ligne de conduite à tous ceux qui, jetant au loin les superstitions et les préjugés, se rueront sur ceux qui sont la cause de leurs souffrances et les massacreront sans pitié.›

Ce journal est sincère, convaincu, et il peut donner une idée de l'état des esprits dans les groupes prolétaires. *L'anarchiste d'action*, comme il se qualifie, n'était entré à la Servianne que pour assouvir sa haine contre la Religion et assassiner la sainte femme qui l'avait reçu comme la charité reçoit ses enfants.

Ce qui ressort de là, avec la dernière évidence, c'est que la vénérée Fondatrice de la Servianne, n'a pas été, comme on pourrait le croire, la victime d'un fou furieux, mais d'un homme absolument maître de lui-même, qui avait de longue main médité son crime et l'avait préparé avec autant de sang-froid que de perversité.

Ainsi, fut ravie à l'affection enthousiaste de ses sœurs, à la vénération de tous ceux qui l'approchaient, à l'Œuvre admirable dont elle était la fondatrice, une religieuse éminente par ses grandes vertus autant que par ses rares et brillantes qualités.

Elle ne pouvait pas finir autrement, ni mourir d'une autre mort, la sainte et noble femme !

Déjà, du vivant de Pie IX, la Mère Marie de Jésus ne lui avait-elle pas écrit pour se dévouer comme victime à toutes ses intentions ? Et, en 1882, ne s'était-elle pas offerte une fois encore par les mains de Léon XIII ? Oui, le martyre, elle l'avait désiré, instamment demandé : il était venu, au jour marqué de Dieu, satisfaire et couronner de si généreuses aspirations !

Sacrée, dans son propre sang, victime de

Jésus, elle repose maintenant, *la pieuse et insigne vierge,** dont l'existence fut traversée de tant de luttes et de tant de douleurs! Elle repose, mais elle vit toujours! Son âme de feu a gardé ses affections d'ici-bas, avivées, agrandies, pour ainsi dire, jusqu'à l'infini par la flamme de l'amour céleste; et ses affections sont toutes à son Œuvre et, par elle, *A la gloire du Sacré-Cœur!*

(*) Décret de louange à la Société des Filles du Cœur de Jésus, 25 février 1888.

V.

Née à Marseille, le 28 mai 1842, Marie-Caroline - Philomène Deluil - Martiny était la fille d'un père, connu par son dévouement à toutes les nobles causes et dont la foi soutenait toutes les vertus dans l'élévation du christianisme. Avocat distingué, M. Paul Deluil-Martiny comptait dans ses états de service un procès fameux gagné contre Berryer; il occupa pendant de longues années les charges d'adjoint au maire et d'administrateur des hospices. En 1870, il forma et présida un comité pour la délivrance des Pères Jésuites, retenus comme ôtages, et parvint, à force d'énergie et d'habileté, à tirer de prison ces religieux, dont il fut toujours le bienfaiteur et l'ami. L'année suivante, comme la municipalité, révolutionnaire refusait d'accomplir le vœu de Belsunce, il engagea ses concitoyens à y suppléer; il fut chargé d'offrir en leur nom le cierge traditionnel et de présider, à la place du maire, la grande procession votive, organisée par ses soins.

Par sa mère, Anaïs-Marie-Françoise de Solliers, d'une ancienne noblesse de Provence, Mlle Deluil-Martiny était la petite nièce de sœur Anne-Madeleine Remuzat, la célèbre visitandine, la seconde *Marguerite-Marie* qui inspira à l'héroïque évêque de Marseille la pensée de consacrer sa ville et son troupeau au Sacré-Cœur, durant la peste de 1720.

Ces origines semblaient une sorte de prédestination qui appelait cette enfant à devenir l'une des plus fidèles servantes du Cœur adorable de Jésus-Christ.

Consacrée à *Notre-Dame de Grâce* huit mois avant sa naissance, la petite Marie ne démentit pas, en grandissant, ces heureux présages. A voir les qualités mâles et supérieures dont les germes se développaient en elle avec une étonnante précocité, on disait dans la famille, en la comparant à son jeune frère, au tempérament doux et tranquille, que la nature, évidemment, s'était trompée, en envoyant au monde deux créatures si dissemblables ; qu'elle avait mis dans la sœur le cœur et la tête du frère, et dans le frère le cœur et la tête de la sœur.

La vivacité de celle-ci était effrayante. Elle marchait à peine que, sous le coup d'une contrariété, elle déclara un beau jour à sa mère *qu'elle va se jeter par la fenêtre.* «Madeleine, dit tranquillement Madame Deluil-Martiny à sa femme de chambre, ouvrez la fenêtre à Mademoiselle. L'enfant s'arrête interdite et confuse. «Cependant, disait-elle ensuite, je crois que, sans ma mère et la femme de chambre, je l'aurais fait comme je l'avais dit.» On pouvait préjuger dès lors quelles seraient sa force d'âme et son indomptable énergie quand l'âge et la raison auraient fait une qualité de ce qui n'était encore qu'un défaut.

Le besoin d'aimer et de se dévouer fut toujours le premier mouvement de cette généreuse nature: nature débordante, allant vite aux extrêmes, ayant de bonne heure la *nostalgie* des sommets.

Au dire de sa nourrice, tout *enfant terrible* qu'elle était, il était impossible de la gronder, parce que, au premier mot plus haut que l'autre, elle se jetait dans vos bras, câline et souriante, et vous accablait de caresses. Lorsqu'elle fut au moment de partir pour fonder son Œuvre, cette brave nourrice qui l'aimait énormément et qui ne l'avait jamais quittée, disait, en pleurant, que *pour sûr, c'était une sainte, qui était aussi nette que l'enfant qui vient de naître.*

A huit ou neuf ans, sous la direction paternelle, Marie commençait l'étude du latin avec son frère, qu'elle ne tardait pas à laisser bien loin derrière elle. Aussi, quand, à l'approche de la première communion et pour la préparer à ce grand acte, on jugea que l'éducation du couvent lui était nécessaire, les bonnes religieuses de la Visitation la virent venir avec une sorte d'effroi. Que ferait-on de ce petit *prodige :* Heureusement, ce prodige de précocité était aussi un prodige de gentillesse, d'aménité, de simplicité, de bonté.

Jamais elle n'avait vu de pensionnat, jamais elle ne s'était assise sur un banc de classe avec d'autres élèves; elle n'en fut ni plus embarrassée ni plus dépaysée pour cela et, voulant répondre au bon accueil qui lui était fait à première vue, elle monta sur un banc et se mit à haranguer ses compagnes ébahies, mais avec tant d'aisance, de verve et d'à propos, que ce fut un enchantement.

La Sœur, chargée du cours dans lequel elle entra, s'était d'abord un peu émue d'avoir affaire à un sujet si extraordinaire, mais elle fut bien vite rassurée, quand, plus encore que les talents de son élève, elle eut lieu d'admirer son excellent esprit. Jamais, au témoignage de celles qui l'ont le mieux connue, on ne surprit sur ses lèvres une parole de blâme ou de critique, jamais la tentation de discuter un enseignement

ou de raisonner sur ce qu'on lui disait.
Mgr. de Mazenod, ami de la famille, demandait Marie chaque fois qu'il venait au
monastère. Les religieuses, craignant l'amour-
propre pour leur chère élève, ne manquaient
pas de faire le chapitre de ses espiègleries.
« Ne vous inquiétez pas, mes Sœurs, répon-
dait le bon Prélat, qualités d'enfants que
tout cela! Vous verrez qu'elle sera un jour
la sainte Marie de Marseille. »

L'intelligence, la grâce, la franchise, la
candeur rayonnaient en elle sous le riche
manteau de la modestie. Par sa gaieté,
son enjouement, sa bonne humeur inaltérable,
elle était l'idole de ces compagnes, la joie
de la communauté et la ressource des
récréations.

Ce que la jeune pensionnaire avait été à
la Visitation, elle le fut, peu d'années après,
à la *Férandière*, où on l'envoya pour accom-
pagner sa sœur cadette et achever avec elle
son éducation; elle y obtint les plus brillants succès. C'était, disent ses contem-
poraines, tout se qu'on peut imaginer de
meilleur au dedans et de plus charmant
au dehors. On ne pouvait la voir sans
l'aimer.

Il y a des êtres qui rayonnent, qui éblouis-
sent, qui entraînent tout dans leur sphère
d'attraction, autour d'eux, sans y penser,

sans le vouloir, sans le savoir même. On dirait que certaines natures ont un système comme les astres et font graviter les regards et les pensées de leurs satellites dans leur propre mouvement. On les suit à travers la terre jusqu'au ciel, où ces destinées se perdent jeunes, et quand on ne les voit plus, on conserve de cette pure et éclatante vision une empreinte, qui ne s'efface pas.

Telle était, à dix-huit ans, au sortir de pension, Marie Deluil-Martiny; avec les dons de l'esprit, de l'âme et du cœur, la nature, prodigue envers elle, lui avait donné une taille avantageuse, un port noble et gracieux, des traits distingués, une figure avenante et sympathique, des yeux brillants de cette flamme intérieure qui éclaire la physionomie d'un reflet divin et révèle les pensées élevées. A son contact, on éprouvait une impression de pureté; c'était

Un lis qui devient femme en restant lis encore.

Lis, elle le fut toujours; elle en eut, jusqu'à la mort, l'éclat et la blancheur virginale, rendant à Dieu son cœur tel qu'elle l'avait reçu, sans qu'une goutte du vase précieux fût tombé à terre.

VI.

Pouvant prétendre à tout dans le monde, Melle Deluil-Martiny, n'eut qu'une ambition: celle de plaire à l'Epoux céleste à qui elle s'était donnée. Dans cette belle intelligence et dans ce grand cœur, il n'y eut jamais place que pour une pensée et un amour très simples; pour une pensée très simple, parce qu'il n'y avait, à ses yeux, qu'une vérité digne d'être connue, c'est l'éternelle Vérité; pour un amour très simple, parce qu'il n'y avait qu'une beauté digne d'être aimée, c'est la souveraine Beauté.

La pensée de toute sa vie avait été dès l'enfance et par une prédestination singulière, une pensée d'immolation et d'union au sacrifice de Notre-Seigneur sur les autels; c'était comme la respiration de son âme; tout convergeait là dans ses pratiques de dévotion. Mon unique attrait, disait-elle, est à Jésus-Victime; c'est là que je le cherche, là que je l'aime, là que je l'adore; c'est là que je m'unis à lui et qu'il s'unit à moi. Je n'ai qu'une occupation dans mes prières; offrir Jésus avec tout son sang, l'offrir sans cesse pour les âmes sacerdotales et consacrées à Dieu, et m'offrir avec Lui.

Elle avait puisé dans cet exercice continuel d'offrande et d'immolation un zèle ardent pour les intérêts de la sainte Eglise et, on peut le dire avec elle, une soif brûlante de la plus grande gloire de Dieu dans les âmes de ceux qui sont comme le *Cœur de l'Eglise* et qu'elle cherchait à aider d'autant plus par la prière et le sacrifice, qu'elle voyait l'enfer déchaîner toute sa rage contre eux.

Deux fois, nous l'avons dit, entre les mains de Pie IX et de son successeur Léon XIII, elle s'est offerte en victime et a renouvelé solennellement le sacrifice de sa vie, pour le triomphe de l'Eglise et de son chef.

Notre-Seigneur, qui se survit dans les âmes et qui donne à chacune son caractère spécial, en reproduisant en elle, par ses attraits, ses désirs, ses souffrances, quelque trait de sa physionomie, semblait avoir gravé en celle-ci le zèle et la sainte émulation qui le pressaient pour ses prêtres et lui faisaient désirer d'un si grand désir de voir le jour où il devait verser tous ses trésors dans leurs âmes, en instituant au Cénacle son grand sacrement d'amour.

« Employer Jésus à l'usage pour lequel il s'est donné.... Avec *Lui*, mais aussi par *Lui* et en *Lui*, aimer, adorer, louer, s'immoler, prier le Père Céleste, réparer avec son sang divin, c'est mon grand attrait. »

Mais quel genre de réparation et d'immolation rêve-t-elle, cette âme généreuse? Les lignes suivantes le font pressentir et, déjà, la pensée de la fondatrice s'y dégage.

« Je me suis livrée à Notre-Seigneur pour que, si tels sont ses desseins, il me prive du bonheur de le sentir, de le goûter, de recevoir cette plénitude de lui-même dont il fait suivre quelquefois les grandes peines intérieures.

Je ne lui ai pas demandé de m'imposer ce sacrifice; je me suis offerte à Lui, pour qu'il accomplisse simplement en moi son bon plaisir.... Je ne demande rien, je ne refuse rien, j'accepte tout, je donne mon consentement à tout. Il est vrai que ce consentement est déjà donné; mais il y a certaines extrémités d'immolation pour lesquelles Notre-Seigneur doit demander un consentement particulier... C'est si dur, mon doux Maître, de ne jamais vous sentir pleinement et d'attendre le ciel pour jouir de vous!

«Vivre dans la pensée d'être mal avec vous, c'est mourir mille fois. Tout souffrir, mais avec la douce persuasion qu'on est en grâce avec Jésus, ce n'est plus souffrir; ce peut être fort amer, mais on s'accroche à Jésus. Quel secours!»

Et quand, plus tard, son Œuvre commence à prendre une forme dans sa pensée:

«J'ai offert à Notre-Seigneur tout son sang divin, les larmes de sa Mère, les prières des âmes et leurs immolations pour obtenir qu'il nous fasse enfin lui donner cette nouvelle gloire à Lui et à sa sainte Mère... O Mère, vous êtes responsable; à vous d'agir, de dicter les écrits, de préparer les âmes, de transformer la mienne, de nous donner votre héritage, de nous communiquer votre appui et votre vie.

«J'ai eu ce sentiment intérieur que je dois pour ma part être très fidèle à la grâce et m'en fier à Jésus et à Marie pour tout le reste; c'est à eux à diriger les événements et à écarter les obstacles pour que l'Œuvre se fonde. Je mourrai d'une sainte jalousie pour l'âme que Dieu chargera d'une si belle œuvre.

«Un regard sur cette Œuvre suffit pour me consoler. J'aurais mille vies, que je les consacrerais toutes à m'y dévouer. Je la vois si grande et si belle! Je la porte au fond de mon âme!»

Quelle était donc cette Œuvre à laquelle la Mère Marie de Jésus, Deluil-Martiny, venait de donner son sang, après lui avoir donné son cœur, son âme et ses admirables facultés? Par quelles ascensions avait-elle été amenée là où l'attendait presque la gloire du martyre?

VII.

La *Garde d'Honneur* en était à ses débuts, lorsque cette âme ardente, qui s'employait déjà à étendre sous toutes ses formes le culte du divin Maître, fut pressée de consacrer à l'Œuvre naissante toutes les énergies de sa volonté et tout l'amour de son cœur. Une correspondance active s'établit entre Marseille et la Visitation de Bourg, berceau de l'Association et, en retour de son dévouement, Mlle Marie Deluil-Martiny, dont les mérites et les services hors ligne furent vite appréciés, reçut le titre de *Zélatrice*. A peine en possession de ce titre, la jeune zélatrice se mettait en campagne avec un invincible courage et une indomptable persévérance, frappant à la porte de tous les couvents, faisant voler dans toutes les directions les écrits destinés à propager l'Œuvre nouvelle et s'autorisant de sa qualité d'élève du Sacré-Cœur pour solliciter et obtenir de la vénérée

Mère Barat l'enrôlement en masse de sa belle société. D'autres familles religieuses ne tardèrent pas à suivre cet exemple et quelques mois s'étaient à peine écoulés, que la *Garde d'Honneur* était en train de faire le tour du monde.

Une fête magnifique se préparait à Marseille pour la consécration du sanctuaire de Notre-Dame de la Garde. Plusieurs cardinaux et un grand nombre d'évêques devaient y assister. Quel triomphe, si l'on pouvait obtenir l'adhésion de tous ces Prélats, s'assurer de leur concours et en faire les auxiliaires et les protecteurs de l'Œuvre! Marie rêva ce succès et l'obtint. A compter de ce moment, la *Garde d'Honneur* devint l'œuvre de sa vie; le plus pur de son temps y passait; ses libéralités suivaient le même chemin. Elle entretenait dans le monde entier, avec les foyers de propagande qu'elle avait créés, une correspondance qui tenait du miracle.

Voici le témoignage qu'on lui rendait au chef-lieu de l'Association: «Cette riche nature, cette grande et belle intelligence, qui voyait si clair et si juste, cette âme de feu avait parfois des aperçus splendides, de magnifiques éclairs, des élans superbes, des désirs enflammés... Elle exposait tout cela avec une éloquence naturelle, qu'elle puisait dans son cœur d'apôtre, toujours prête à s'élancer vers les sommets entrevus; mais sur un mot venu d'en haut, elle s'arrêtait soudain et se mettait au pas humble et doux que Dieu imprime à ses œuvres, pour en affermir les commencements et en assurer le succès.

Cependant, au mois de juin 1865, de grandes solennités devaient avoir lieu au monastère de Bourg pour la béatification de la vénérable Marguerite-Marie. M. Deluil-Martiny voulut bien conduire sa fille au berceau de l'Œuvre qu'elle aimait, pour assister à ces fêtes bénies; elle fut reçue dans l'intérieur de la Maison, où elle passa plusieurs jours qui firent époque dans sa vie! elle comprit que l'Œuvre dont elle s'occupait avec tant de bonheur et d'entrain était un acheminement à une autre Œuvre encore plus belle, dont elle avait dès lors le pressentiment lointain. Un des buts de l'Institut futur devait être l'adoration, mais à une sublime hauteur. Ce serait l'adoration de la Très Sainte Trinité par le Cœur eucharistique de Jésus, le seul adorateur vrai et digne de la Majesté divine. Ce seraient les âmes s'emparant des adorations perpétuelles de ce Cœur sacré pour adorer l'adorable Trinité. Quand Dieu appelle une âme, il est rare qu'il ne la prévienne et ne la prépare d'avance par de fraîches rosées matinales: *Mane delectabis*, dit l'Écriture.

Une union des plus étroites, fidèlement entretenue par la prière et par des visites réitérées, s'établit alors entre la *Garde d'Honneur* et son infatigable coopératrice; de grandes lumières et des grâces signalées jaillirent de cette fusion d'âmes.

«Mon âme, écrivait la Fondatrice de la Garde d'Honneur à la vaillante jeune fille, est trop près de la vôtre, trop identifiée avec la vôtre, pour avoir rien de nouveau à vous confier. Je ne peux que vous renouveler l'expression de mon total dévouement à votre âme et aux œuvres que vous devrez accomplir. C'est avec une joie infinie et un plein acquiescement de ma volonté, que je vois ma mission passer de mes mains dans les vôtres. Ma confiance dans l'avenir de votre Œuvre est inébranlable. Ne doutez jamais de votre élection à une tâche si importante et si belle.»

La Garde d'honneur attire le zèle de Marie Deluil-Martiny, elle le stimule, mais ne l'absorbe pas tout entier; son dévouement ne se cantonne pas dans une œuvre, si belle qu'elle soit, et il ne connaît pas de limites. Partout où il se fait quelque chose pour le Sacré-Cœur, on est sûr d'y trouver l'ardente jeune fille.

VIII.

A quelque temps de là, par une circonstance inattendue et toute providentielle, Mlle Deluil-Martiny fit le pèlerinage de la *Salette*; elle y porta la pensée de son Œuvre, qui ne la quittait plus, et y reçut, avec d'abondantes lumières, de puissants encouragements.

C'est à dater de ce moment que, sous l'inspiration et d'après les conseils du Père Calage, le vénérable religieux de la Compagnie de Jésus à qui elle avait confié son âme, ses idées se précisèrent, et ses projets de fondation prirent une forme déterminée. La lumière lui vint à flots et alla toujours grandissant. «Elle reçut alors, dit-elle, une impression des desseins de Dieu si intime et si forte, que le doute pour elle ne fut plus possible. De son côté, le Père Calage voyait de plus en plus clairement dans quel but Dieu lui avait envoyé cette âme à diriger; mais il le gardait dans le secret de son cœur, en attendant l'heure où Notre-Seigneur agirait lui-même.

En lisant dans le journal de Marie les lumières qu'elle avait reçues sur la fondation à venir, il reconnut que, sans rien savoir par elle-même, elle avait été instruite par Notre-Seigneur des éléments de l'Œuvre qui existait, dans son intégrité, au fond de sa pensée, à lui. «Oui, lui dit-il, Dieu se prépare une génération d'âmes-victimes; Il y travaille depuis longtemps.

«Voici vingt ans que les personnes à qui Il fait ces communications semblent s'être donné le mot pour venir à mon confessionnal.

«Quand l'œuvre se fondera-t-elle? Dieu le sait. La verrez-vous? Y travaillerez-vous activement ou passivement? Dieu le sait encore. Mais vous y êtes destinée.

«Vous êtes une pierre brute, mise entre mes mains pour être travaillée; il faut qu'elle le soit d'autant plus qu'elle est destinée à être une des pierres fondamentales du futur Institut. Plus tard, vous serez victime, sacrifiée et immolée à votre tour.»

Entre autres paroles recueillies de la bouche de son directeur, et religieusement conservées par elle, nous trouvons encore à la date du 2 février 1870, cette singulière prédiction: «Pourquoi vous effrayer des difficultés et des impossibilités à venir? Qui vous dit que vous ne serez pas une de ces âmes destinées à l'immolation, leur Œuvre à peine inaugurée? Dieu peut fort bien vous jeter dans les fondements de l'édifice et, de cette mort prématurée, faire sortir son achèvement. Les fondateurs et les fondatrices sont choisis pour un grand dessein; mais souvent ils se couchent, avant l'heure, à la base et dans les substructions du monument à bâtir, pour en supporter le poids et lui donner de la solidité. Être immolé d'avance n'est pas la plus mauvaise part; c'est la pierre angulaire de toutes les fondations, depuis que Notre Seigneur a été immolé pour fonder son Église. Il a fallu, pour asseoir son Œuvre sur des bases solides, que les apôtres fussent immolés et, dans les fondements qui portent la basilique Vaticane, on vénère la tête des deux apôtres Pierre et Paul. On meurt et l'on fait place à d'autres; il faut que le grain de froment tombe en terre, pour fertiliser le sillon »

Tout en l'aidant de ses encouragements, le Père Calage ne cessait de persuader à Marie qu'elle était un instrument inutile et la ramenait sans cesse à d'humbles sentiments d'elle même. Du reste, ses théories, il se les appliquait. Faisant allusion à sa part dans l'Œuvre: « On est Fondateur de bien des manières, disait-il, l'immolation n'est pas la moins puissante et, pour moi, je me vois toujours immolé sur le Calvaire de l'immolation de Jésus.

Il avait formellement demandé à Dieu à figurer dans l'Œuvre, non pas comme la pierre travaillée et polie qui attire le regard, mais comme la pierre brute qu'on jette dans les fondements et qui doit toujours y rester ignorée; il ne sortit jamais de la situation humble et cachée qui comblait toutes ses ambitions.

En même temps que la future fondatrice recevait de son Directeur cette forte et généreuse impulsion, il lui venait fréquemment, de tous les côtés et de la part des personnes les plus autorisées, des témoignages comme celui-ci:

Dieu dans ce qu'il vient de faire a dépassé non seulement mon attente, mais encore ses promesses.

En voilà des miracles!...

«Une pensée ne me quitte pas, c'est que Notre-Seigneur a fait choix de vous pour l'Œuvre qu'il prépare. Il vous a justement donné tous les dons de nature qui doivent vous servir à mettre en valeur les dons de la grâce. Comme vous avez l'esprit de votre vocation! Comme vous en êtes pleine et comme vous la ferez goûter! On ne vous approche pas sans se sentir entraîné.

Notre-Seigneur vous a tout mis dans la main; vous ne pouvez plus reculer... C'est plus qu'un temple matériel, c'est un édifice composé de pierres vivantes qu'il s'agit d'élever.

‹Tout est organisé d'avance, tout est mûr dans votre âme pour le succès de l'entreprise. Vous marcherez droit d'après ce plan. Ne dites pas que vous n'êtes pas prête; le Maître vous formera Lui-même, ou avec le marteau, ou avec le ciseau, ou avec la lime; vous n'avez qu'à le laisser faire; ce ne sera pas long. Si vous résistez, Il frappera plus fort et plus souvent. Je le prie de frapper à coups redoublés, pour que le travail aille plus vite.

C'est la véritable *immolation* que vous rêvez, c'est le crucifiement de l'âme: les épines, les clous, les fouets n'atteignent que le corps; c'est l'âme qui doit être immolée dans toutes ses puissances.

‹L'action de l'Esprit-Saint est visible dans votre âme; elle reçoit des lumières et des inspirations qu'on ne trouve guère dans une religieuse qu'après quinze ou vingt ans de profession. Ces vues si justes sur votre état d'épreuve, cette intelligence si claire et si nette de la nécessité de l'immolation, ces pensées de dévouement au sacerdoce, cette disposition d'une âme qui dit résolument: Si la consolation sans la croix ou la croix sans la consolation sont laissées à mon choix, je préfère la croix sans la consolation à la consolation sans la croix. »

Qui vous a donc appris cela? C'est l'antipode de la nature. On dirait que vous avez vieilli dans la vie religieuse; votre science des voies de Dieu *a des cheveux blancs.* ›

C'est l'illusion que Mlle Deluil - Martiny entretenait chez les personnes qui ne la connaissaient que par ses lettres. La Prieure d'un couvent de Carmélites avec qui elle avait eu, pendant quelque temps, une correspondance suivie, ne pouvait en croire ses yeux, quand, au lieu de la vénérable dame à qui elle croyait avoir affaire, elle s'est trouvée, un beau jour, en présence d'une jeune fille à peine âgée de vingt-cinq ans.

On comprend le mot de Son Eminence le Cardinal de Malines, qui, au sortir du premier entretien qu'il eut avec cette jeune fille, s'écriait, étonné de ce qu'il avait entendu : ‹ Je viens de voir la Thérèse de notre siècle. ›

Voici, du reste, comment celle qui devait être bientôt la Mère Marie de Jésus comprenait sa mission. Nous trouvons, à la date du 17 septembre 1870, une lettre adressée à un vénérable prêtre, où sa pensée se révèle tout entière :

‹ Puisque nous sommes entrés dans le sanctuaire par la porte c'est-à-dire dans l'Adorable Cœur de Jésus par sa blessure sacrée, il n'est pas étonnant que nous goûtions au calice de ses amertumes, de son agonie, de ses tristesses mortelles, de ses douleurs *intérieures*, en un mot, de ce *martyre du cœur* qui remplace actuellement dans l'Eglise le martyre du sang. Les souffrances corporelles de notre divin Ami Jésus ont été si immenses, qu'elles ont comme absorbé l'attention, la compassion et l'admiration des âmes... Aujourd'hui, les âmes sont inclinées à passer plus avant dans les secrets de l'amour de Jésus.

«Ce n'est pas sans raison que la lance a ouvert l'abîme du divin Cœur; elle nous a introduits dans le *Saint des Saints*, où Notre-Seigneur a, pour ainsi dire, concentré toutes les douleurs de sa passion et nous a montré ces plaies intérieures, mille fois plus sensibles que toutes les autres, qui ont déchiré le Cœur si tendre et si aimant de notre très doux Sauveur.

«Et, en poussant les âmes à honorer d'un culte spécial ce martyre intérieur en Jésus et en Marie, miroir fidèle de Jésus-Victime, le Saint-Esprit sait bien leur fournir les moyens d'imiter ce qu'elles honorent et de verser, elles aussi, par *l'immolation intérieure*, tout le sang de leurs cœurs.

«Que ces pensées sont consolantes dans nos temps désolés! Comme elles élèvent l'âme et comme elles aident à découvrir le plan secret de la Providence en tous ces terribles événements!

«L'Eglise marche vers le terme et, à mesure qu'elle avance, elle se pare de nouveaux joyaux, afin d'arriver, au jour de l'éternité, belle comme une épouse parée pour son époux. Le culte, l'imitation du *martyre intérieur* des Cœurs de Jésus et de Marie sera une des pierres les plus précieuses de la robe de l'Eglise; car c'est un des plus profonds mystères et des plus intimes secrets de l'amour: *Magnum pietatis sacramentum...* Et les tristesses du temps présent ont pour objet d'attacher ce diamant à la parure de la sainte Eglise, en poussant énergiquement les âmes à cette intime et silencieuse *immolation* qui en fera d'héroïques victimes de l'amour divin...

«Qui refuserait de tremper ses lèvres au calice des douleurs intérieures du Cœur de Jésus? C'est le Cœur *qui a tant aimé,* mais aussi c'est le Cœur *qui a tant souffert!...* Et si l'amour se paye par l'amour, l'amour de la souffrance se paye par l'immolation et le sacrifice.»

Un peu plus tard, la jeune fondatrice traçait ainsi le plan de son Œuvre dans toute sa largeur et sa beauté:

«Tout, dans la future association, doit être pour le Cœur de Jésus par le Cœur de Marie. Comme le désir des associés est de réparer par l'Amour les injures faites à l'Amour de Jésus et surtout celles qui l'ont le plus cruellement blessé, leurs âmes doivent être toutes dévouées et consacrées au Cœur de Jésus, organe, siège et foyer de son amour. C'est ce Cœur qui a le plus souffert en Jésus; c'est ce Cœur qui nous a donné l'Eucharistie et une Mère en Marie; c'est ce Cœur ouvert pour nous qui nous attend au Tabernacle; c'est Lui qui demande nos réparations et nos immolations en faveur de ces âmes épouses, qu'il aime si ardemment; c'est Lui qui nous demande de Le laisser devenir l'âme de nos âmes et de les Lui donner avec nos cœurs, afin qu'Il puisse agir librement en nous, détruire notre vie basse et naturelle, y substituer sa vie divine et accomplir en nous «ce qui manque à sa Passion»; c'est Lui qui veut vivre en nous pour y louer, y adorer, y aimer, y glorifier son Père.»

La Mère de Dieu a été honorée, dans son incomparable pureté, par le magnifique cortège de vierges que tous les siècles lui ont donné; mais il semble que Dieu ait réservé à notre temps le bonheur et la gloire d'honorer d'un culte et d'une imitation particulière cette phase de la vie de Marie qui a commencé au Calvaire et s'est terminée à sa bienheureuse mort, et d'exalter, en même temps, deux titres, des plus beaux et des moins connus de la Reine du Ciel.

«Marie n'est pas seulement la Vierge des vierges, la Reine des Anges et des hommes ; elle a été *Victime* avec Jésus-Christ. Par son immolation au Calvaire, elle a enfanté, en saint Jean, tous les hommes et spéciale-ment tous les prêtres, et par son immolation après le Calvaire, par le long et douloureux martyre que son cœur a souffert dans l'attente du jour qui devait la réunir à son Fils, elle les a nourris et formés.

«Voici que la Vierge veut se former un nouveau cortège, en s'entourant d'une génération d'âmes victimes, choisies parmi les «vierges qu'elle amène au Roi; «elle mettra dans leurs mains la Victime qu'elle a mise au monde «l'Agneau immolé» afin qu'elles l'offrent continuellement et qu'elles s'immolent avec Lui sans cesse. Et ces âmes auront pour but dans leurs immo-lations d'enfanter et de former les prêtres à la sainteté et la perfection du sacerdoce.

L'Eucharistie! les souvenirs du Calvaire! L'Eglise! c'est en quoi se concentre toute la vie de la Ste Vierge après l'Ascension.

Comme Marie sur le Calvaire, unie au Prêtre éternel, a offert son divin Fils et a renouvelé chaque jour cette offrande par les mains de St Jean, ainsi les Filles du Cœur de Jésus offriront Jésus-Hostie immolé d'autel en autel et d'heure en heure, par toute la terre et unies à tous les prêtres du monde célébreront de cœur avec eux une messe perpétuelle, suivant l'Agneau partout où il va, partout où il s'immole. A l'offrande du Prêtre, elles joindront l'offrande propre et spéciale que la Mère des prêtres leur a léguée, celle du sang et de l'eau sortis de la divine blessure du Sacré-Cœur.

Mais le Prêtre n'est pas seulement sacrificateur; comme les anges et comme Marie, il doit être adorateur. Cet office sera partagé par les Filles du Cœur de Jésus; elles seront les adoratrices de l'Eucharistie exposée solennellement dans les églises de leurs monastères avec toutes les magnificences du culte; elles s'appliqueront à environner de gloire et d'honneur l'auguste Victime, à l'entourer des plus profonds témoignages de respect et d'amour; ce sera leur vie, leur raison d'être.

Les Filles du Cœur de Jésus seront victimes avec Marie. En même temps qu'elles offriront la très pure Hostie, elles s'offriront elles-mêmes en sacrifice; elles seront des hosties vivantes, étroitement unies aux dispositions de Jésus et de Marie. Pour honorer les souffrances intimes du Cœur de Jésus, son immolation mystique à l'Autel, et le martyre caché et silencieux de Marie, leur immolation sera surtout intérieure; elle consistera dans une totale séparation du créé et du sensible, dans une complète abnégation de la volonté et des affections naturelles.

Jésus-Christ sur l'autel, rend à son Père la plus grande gloire possible; il remercie, il répare, il impètre avec une suréminente efficacité; ainsi ces âmes unies avec Marie à Jésus-Victime, rempliront tous les devoirs de la créature envers Dieu, et lui offriront par Jésus-Christ, en Lui et avec Lui, le culte en esprit et en vérité que le Père demande.

L'Eucharistie étant le mémorial de la Passion, les Filles du Cœur de Jésus, cachées, immolées, silencieuses avec l'Hostie, porteront profondément gravés dans leurs âmes victimes les stigmates invisibles de Jésus crucifié; elles vivront des souvenirs du Calvaire, du sang du Fils et des larmes de la Mère.

Les Filles du Cœur de Jésus, victimes avec Marie, seront avec elle les auxiliatrices du prêtre; elles feront une profession spéciale de l'aider par leurs prières et leurs sacrifices quotidiens à atteindre la sublimité de sa vocation, et d'appeler sans cesse la fécondité et la sainteté sur son ministère.

Sous tous les aspects si saints et si féconds de la dernière phase de sa vie,

Marie est donc le modèle accompli des religieuses du nouvel Jnstitut, dans tous leurs devoirs envers Jésus-Christ et envers les prêtres, les bien-aimés du Cœur de Jésus. «Pour lors, des choses merveilleuses «arriveront dans ces bas-lieux, où l'Esprit «Saint, trouvant sa chère Epouse reproduite «dans les âmes, y surviendra abondamment et les remplira de ses dons pour opérer des merveilles de grâce. (*)

(') B^x Grignon de Montfort.

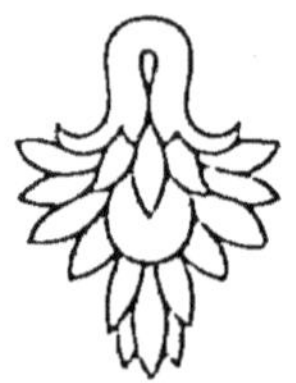

IX.

Le plan de l'Œuvre que nous venons de résumer fut écrit à la demande du Père Calage. Singulière coïncidence! Ce fut le 27 février 1869 que Marie en écrivit les premières pages; ce devait être le 27 février, quinze ans plus tard, qu'elle allait le signer de son sang dans le jardin de la Servianne. Depuis quelques années, la prodigieuse activité déployée par Mlle Deluil-Martiny pour propager la *Garde d'honneur* dans le monde entier, l'avait mise en relation avec les diverses contrées de l'Europe et notamment avec la Belgique; elle avait rencontré une élite de belles âmes, sympathisant avec la sienne, au sein de ces populations flamandes et wallones où la vie chrétienne coule à plein bord et se traduit par des Œuvres qui naissent et croissent à miracle. La connaissance qu'elle fit à Anvers, d'un pieux et savant prélat, apôtre de la dévotion au Sacré-Cœur, servit merveilleusement ses desseins.

A la fin d'avril 1870, sur sa pressante invitation, Mgr Van den Berghe vint à Marseille et, à mesure que le plan de Notre-Seigneur lui était montré, tous les attraits de son âme semblaient trouver là leur pleine satisfaction; il partit, résolu de se consacrer sans réserve à l'œuvre entrevue pour la gloire du divin Cœur; il fit à cette intention le voyage de Rome et en revint avec une lettre du Saint-Père, où se trouvent ces paroles: *Ce n'est pas sans une douce consolation de notre cœur, que nous avons appris votre dessein d'exciter et de propager dans votre patrie cet admirable esprit de sacrifice que Dieu semble vouloir opposer à l'impiété toujours croissante de notre époque. Nous voyons avec plaisir que, partout, un grand nombre de personnes se dévouent tout entières à Dieu, lui offrant même leur vie dans d'ardentes prières, pour obtenir la délivrance et l'heureuse conservation de son Vicaire, avec le triomphe de l'Eglise pour réparer les outrages faits à la Majesté divine et, spécialement, pour expier les profanations de ceux qui, étant le Sel de la terre, mènent une vie peu conforme à leur dignité.* (*)

La guerre et les malheurs qui l'ont suivie retardèrent, pendant plus d'une année la

(*) Lettre du 14 mars 1872.

mise à exécution de cette grande Œuvre; mais, en septembre 1872, un coup de Providence conduisit Mlle Deluil-Martiny en Belgique; elle y reçut de Mgr Deschamps, cardinal-archevêque de Malines, l'accueil le plus empressé. Chose singulière! Six mois auparavant, Son Eminence avait été avertie, par une sainte âme inconnue à la fondatrice et qui n'avait reçu d'elle aucune communication, de l'Œuvre qui se préparait. «Il y a, dit l'Archevêque, un attrait presque universel des âmes vers la réparation: c'est le besoin de l'Eglise. La lettre du Saint-Père m'a beaucoup frappé; tout y est avec une grande force d'expression. Nous n'aurions jamais osé dire si clairement notre pensée.

Puis, il donna son entier assentiment à tout ce que lui proposa la fondatrice; il approuva, en particulier, le choix de la règle de Saint Ignace *comme une inspiration venue d'en haut pour les temps actuels*.

«Partez, ajouta-t-il, partez pour Anvers; allez-y au grand jour, en pleine lumière; cela vaut mieux qu'un obscur commencement. Etablissez-y votre Œuvre comme une Œuvre demandée par le Saint-Père et approuvée par moi. Je vous donnerai tout ce que je peux donner: mon nom, mon appui, ma protection, très heureux d'avoir les *Filles du Cœur de Jésus* dans mon diocèse, consacré récemment au Sacré-Cœur avec tous les évêchés suffragants.

Deux mois après cet entretien, le 8 décembre de la même année, l'acte d'érection du *Monastère de Berchem* était approuvé et signé en ces termes :

« Considérant l'encouragement précieux et l'approbation donnée par notre bien-aimé Pontife Pie IX ;

« Voulant remplir le désir des âmes pieuses qui ont résolu de s'offrir à Dieu comme des victimes d'expiation et de se consacrer, d'une manière spéciale et par les liens de la sainte religion, à cette vie d'immolation et de prière ;

« Persuadé qu'un tel dessein ne peut manquer de tourner à la gloire de Dieu, à l'honneur de l'Eglise et à l'accroissement de la foi et de la charité des fidèles ;

« Le saint nom de Dieu invoqué, érigeons et instituons par les présentes, à Anvers, un Monastère de religieuses Filles du Cœur de Jésus, sous la règle de *Saint-Ignace* et avec des constitutions appropriées à l'esprit spécial de leur Institut. . . . .

. . . .

Donné à Malines, sous notre seing,

notre sceau et le contre-seing de notre secrétaire, le 8 décembre 1872.

Signé : Vict. Aug., *Arch. de Malines.*

Par mandement de Sa Grandeur Mgr l'Archevêque,

Signé : J.-A. Mertens, *chan. secr.*

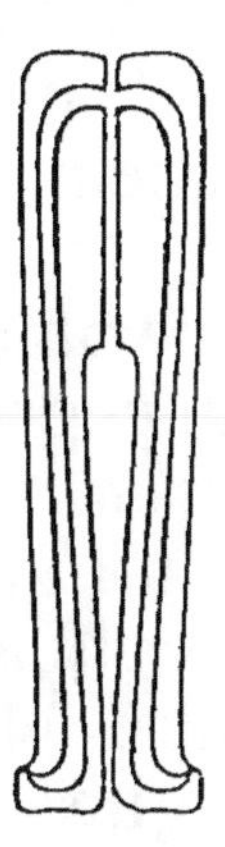

X.

Le 20 juin de l'année 1873, jour de la fête du Sacré-Cœur, Mlle Deluil-Martiny, devenue la Mère Marie de Jésus, revêtait l'habit blanc de l'Institut et s'établissait à Berchem avec plusieurs de ses filles.

Mgr Deschamps, de plus en plus satisfait de la ferveur et du bon esprit qui distinguaient, dès lors, les *Filles du Cœur de Jésus* et voulant leur donner un gage de sa paternelle bienveillance, leur confiait le service d'un magnifique sanctuaire élevé par les soins de Mgr Van den Berghe et érigé en basilique par un bref de S. S. Pie IX, en date du 29 janvier 1878. La Mère Marie de Jésus monta jusqu'à l'autel et ce fut là, tout près de la pierre sacrée sur laquelle reposait l'Hostie, que furent célébrées ses noces mystiques. Cet autel, la vierge consacrée ne pouvait en approcher comme sacrificateur, mais du moins elle en approchait comme victime, et bientôt comme victime sanglante;

et le jour n'était pas loin où elle allait unir son *Consummatum est* à celui de Jésus, dans les mêmes sentiments de pardon pour ses bourreaux et d'absolu dévoûment pour l'Œuvre.

Les bénédictions de Dieu descendirent si abondantes sur l'Œuvre naissante et son accroissement fut si rapide, que, moins de deux années après, on sentait le besoin d'envoyer quelque part, pour soulager la ruche, un essaim des *Filles du Cœur de Jésus,* désormais trop nombreuses.

Le 15 juin 1877, la Supérieure de Berchem fondait le monastère d'Aix en Provence, qu'elle transportait ensuite à *la Servianne,* près Marseille, dans une propriété de sa famille. Elle avait dit en 1873 : «Mon Dieu, donnez un jour cette Œuvre à la France!» Sa prière était exaucée.

C'est là qu'une balle stupide est venue frapper ce front plein de lumière et de flamme, marqué du sceau des élus. Mais, avant qu'elle tombât sous les coups d'un forcené aux gages des sociétés secrètes, Dieu avait permis que la Mère Marie de Jésus se survécût dans une autre *elle même* qu'elle avait désignée d'avance, par une sorte d'intuition, pour lui succéder dans le gouvernement de sa petite société.

Le jour où elle entrait dans sa quarantième année et où sa chère communauté l'entourait de tous les témoignages de la plus vive tendresse, elle avait répondu aux compliments de ses filles par de charmants couplets, qu'elle improvisait avec une merveilleuse facilité et où se trouvaient ces mots, à l'adresse de son assistante :

> *Salut, Mère Marie-Elise,*
> *Aide et soutien de mon labeur,*
> *Compagne par le Ciel promise*
> *Pour servir avec moi l'Œuvre du Sacré-Cœur !*

> *Quand je quitterai cette terre,*
> *Mes sœurs, elle vous restera.*
> *Pour vous en son bon cœur, mon cœur demeurera.*
> *Ah ! si Dieu le veut bien, en vous laissant, j'espère*
> *Ne pas m'en aller tout entière ;*
> *Dans une âme de sœur, me sentir encor là !*
> *Quel doux espoir pour votre Mère !*

Quelques mois après la catastrophe du 27 février 1884, alors qu'on aurait pu croire à la perte définitive de cette petite famille religieuse sans Mère, les élections eurent lieu (20 avril 1884) : le vote fut unanime ; il s'y affirma l'union la plus parfaite de toutes les Filles du Cœur de Jésus et dans l'abandon complet à la douce Providence et dans le filial dévouement au souvenir de Mère Marie de Jésus. La chère Mère Marie-Elise de Sorval, l'Assistante-générale encore bien souffrante des deux balles qu'elle avait reçues dans la poitrine, fut choisie pour remplacer la regrettée fondatrice. On peut dire en toute vérité que le grand cœur de la Mère Marie de Jésus continue à gouverner la jeune et déjà si prospère famille religieuse: malgré les coups de la mort, rien ne fut changé!

C'est à la porte de la Servianne que le Père Calage vint frapper lorsque, en 1880, au début de la persécution religieuse, les Jésuites de Marseille furent expulsés de leur maison. L'Œuvre qui s'était fixée là, c'était son œuvre, les religieuses qui y vivaient dans l'oraison et dans l'immolation volontaire, c'étaient ses filles.

Le bon Père venait à la Servianne remplir une mission dont il ne soupçonnait pas à cette heure l'austère beauté. Cette victime qu'il avait préparée à Notre-Seigneur, qui s'immolait maintenant dans la pratique du sacrifice et le martyre des peines intérieures, il l'offrait déjà chaque jour en union avec la victime adorable de l'autel; un jour allait venir bientôt où il aurait à l'offrir une dernière fois, baignée dans son sang et immolée en l'honneur de l'Agneau.

Peut-être est-ce ici la place de rappeler le songe mystérieux et prophétique que le Père Calage avait eu à l'âge de dix ans et qui devait s'appliquer à la Mère Marie de Jésus d'une façon étrange. En voici le récit, tel qu'il l'avait fait longtemps avant la fondation des Filles du Cœur de Jésus, le 21 mai 1868.

« Je me trouvais à l'entrée d'une grande allée, j'étais prêtre et j'accompagnais au martyre deux vierges habillées de blanc. Tout en marchant, je faisais cette réflexion : Pourquoi ces deux vierges vont-elles subir le martyre, tandis que moi, prêtre, je suis épargné ? En quittant cette grande allée, nous entrâmes dans une autre plus petite et c'est là qu'une de ces vierges reçut le coup fatal.

L'autre, que l'on martyrisait aussi, allait être immolée, quand je me réveillai. »

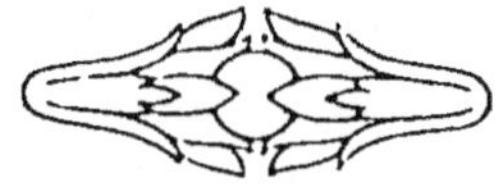

XI.

En envoyant Mère Marie de Jésus prendre possession du couvent de Berchem, Mgr de Malines avait dit: « C'est une Œuvre qui me survivra. Malgré la catastrophe qui devait la faire mourir au berceau, l'Œuvre, en effet, a survécu à l'éminent Archevêque, en conservant intactes, jusque dans les moindres nuances, avec un religieux respect et une fidélité jalouse, les règles, les coutumes et les traditions de celle qui l'a fondée.

Ecrites dans le courant de 1875, les constitutions furent vraiment le fruit des longs colloques de la Mère Marie de Jésus avec Notre-Seigneur. Elle passait de longues heures au pied du Tabernacle, à genoux, sans mouvement, dans un profond recueillement. Plus d'une fois, elle se mit dans un coin de la chapelle, un buvard sur ses genoux, regardant avec amour l'Hostie dans l'ostensoir et écrivant comme sous la dictée du Maître. « Je donne rendez-vous à l'Esprit-

Saint, disait-elle un jour, et s'il ne vient pas, je L'attends; car, sans Lui, je ne puis rien faire de bon, et ce travail doit être son ouvrage.

La Mère Marie de Jésus a recueilli pieusement dans les écrits de la bienheureuse Marguerite-Marie tous les désirs du Cœur de Jésus et elle les a fait entrer dans la règle de son Institut. C'est l'Ordre du sacrifice intérieur et de l'absolu dévouement au Sacré-Cœur avec la règle de saint Ignace, en ce qui s'allie à la vie contemplative et à la trempe d'une femme; et n'eût-il que ces éléments divers, il serait distinct de tout autre. Mais voici des idées qui n'ont plus de rapport avec le fonds commun des ordres existants. Extraites des moëlles mêmes de la doctrine, elles vont, pour la première fois, se traduire en fait et constituer le patrimoine spécial d'une congrégation nouvelle: c'est le culte et l'imitation de Marie Vierge Médiatrice, c'est l'entier sacrifice de soi-même aux intérêts de l'Eglise et du sacerdoce.

Ces constitutions furent, le 27 novembre de la même année, présentées à l'approbation de S. E. le cardinal Deschamps par le R. P. Le Grelle, S. J., Vice-Provincial de Belgique, qui appelle ce travail, *une Œuvre de haute sagesse et de vraie science spirituelle, tout empreinte de l'Esprit de Dieu.* Les règles communes et particulières, est-il dit dans ce rapport, sont celles qui ont sanctifié en peu de temps les Kostka, les Gonzague et les Berchmans; une expérience de trois siècles en a confirmé l'excellence... Le caractère distinctif de l'ordre y est si bien exposé et les conséquences pratiques de cet esprit d'*amour*, de *réparation* et de *sacrifice* en découlent si clairement que toutes les personnes qui s'y conformeront seront non seulement dignes du beau titre de *Filles du Cœur de Jésus*, mais avanceront rapidement dans la voie de la perfection.

Allier la mortification de l'esprit aux joies de la vie de famille, faire du dépouillement intérieur et du renoncement à sa volonté propre un moyen d'immolation, pour remplacer les grandes austérités des anciens ordres contemplatifs que les santés affaiblies de nos jours ne comportent pas: telle est l'idée fondamentale de la règle.

Depuis le réveil jusqu'au repos du soir, *la Fille du Cœur de Jésus* voit se succéder les différents exercices qui tendent tous à un même but: faire une victime d'obéissance dans les flammes du divin amour. La récitation du saint Office, les demi-heures d'adoration au pied du Saint-Sacrement toujours exposé et les conférences spirituelles sont séparées par un travail qui ramène toujours l'âme à son centre: l'union au sacrifice de Notre-Seigneur. Pour que cette pensée soit plus présente, avant et après chaque office, les sept paroles de Notre-Seigneur sur la croix sont récitées gravement, posément, et chantées en chœur après l'élévation de la messe, de même que, dans une pensée d'action de grâces, le *Magnificat* est chanté trois fois dans le cours de la journée.

On a dit des *Filles du Cœur de Jésus*, que c'était le *Carmel du Sacré Cœur*. Au fait, il y a, dans le nouvel Institut, tout à la fois du *Carmel* et du *Sacré Cœur*, avec cet arôme emprunté à la famille de l'aimable saint François de Sales, qui semble une émanation de son esprit et de son cœur; c'est, comme dans le parfum qu'exhale la Bien-Aimée des *Cantiques*, un composé de myrrhe et d'encens, un heureux mélange de simplicité, d'innocence, de suavité et de joyeuseté.[*]

Dieu revêt les commencements d'une Œuvre sainte d'une beauté et d'une douceur particulières; Il s'y montre plus sensiblement et plus intimement présent, afin d'en obtenir les prémices, dont Il se déclare jaloux. Une congrégation naissante est l'aurore, le printemps, l'enfance d'une existence supérieure

---

[*] *Sicut virgula fumi ex aromatibus myrrhæ et thuris et universi pulveris pigmentarii.* Cant. III, 6.

et personne ne peut en raconter la paix,
les charmes et les espérances. La Providence
s'y montre comme une mère pour un enfant
qui doit enteprendre un long et pénible
voyage; elle le presse plus tendrement que
jamais sur son cœur et lui prodigue des
caresses dont le souvenir adoucira ses
fatigues et ranimera son courage.

Telle fut, dès l'origine, telle est encore
aujourd'hui la Société des *Filles du Cœur
de Jésus*. Les âmes y respirent dans une
dilatation continuelle, les fronts y sont
épanouis, les cœurs y battent à l'unisson.
La prière et le travail y sont répartis dans
une juste mesure; nulle part, peut-être, les
offices du chœur, les chants liturgiques et
les rites qui les accompagnent ne se font
avec plus de régularité et de dignité; la
langue de l'Eglise a, sur ces lèvres de femmes,
chose rare! une irréprochable pureté d'accent
et de prononciation qui en fait admirable-
ment ressortir les beautés. On y célèbre
les fêtes et les anniversaires de la Société
avec un redoublement de ferveur au dedans
et d'aimable expansion au dehors. Ce jour
là, le réfectoire et la salle des exercices
s'emplissent de chants, de lumières et de
fleurs. Toutes les petites industries qui
contribuent à resserrer les liens de la charité,
à entretenir la joie spirituelle dans les esprits,

l'union et la concorde dans les cœurs, y sont alors mises en œuvre.

Répondant au compliment qui lui était adressé à la fin de ces prédications, un religieux disait à son auditoire de la *Servianne :* «Vous connaissez sans doute, mes «enfants, un célèbre poème, qui a pour «titre : *le Paradis perdu?* Si j'avais à écrire de vous, j'intitulerais mon livre· *le Paradis retrouvé.*»

En effet, la congrégation des *Filles du Cœur de Jésus* a cette ressemblance avec le Paradis, qu'on aime à y chanter; «*la joie du cœur,* disait un saint, *fait chanter l'amour.*» Il n'y a pas dans ce séjour béni de belle fête sans chant. L'auteur de ces chants était ordinairement la *bonne mère,* dont la verve semblait intarissable. Nous ne résistons pas à l'envie d'extraire du volumineux recueil qu'elle a laissé après elle une de ces pièces, faites à main levée, mais qui n'en révèlent pas moins un remarquable talent. Nous prenons sans choisir.

TRIOMPHE! OU JE MEURS!

Si ce n'est pas pour t'aimer sans mesure,
　Pourquoi m'as-tu donné ces cœurs?
　Dans ton œuvre, je t'en conjure,
Par ton cœur enflammé, par sa large blessure,
　O Maître, triomphe! ou je meurs!

Si ce n'est pas pour boire à ton calice,
　Pourquoi m'as-tu donné ces cœurs?
　Enchaine-les au sacrifice.
Que ton divin amour les charme, les ravisse!
　O Maître, triomphe! ou je meurs!

Si ce n'est pas pour te gagner des âmes,
　Pourquoi m'as-tu donné ces cœurs?
　Ah! que pouvons-nous, faibles femmes!...
Prier, souffrir, mourir dans l'ardeur de tes flammes.
　O Maître, triomphe! ou je meurs!

Si ce n'est pas pour te suivre au Calvaire,
　Pourquoi m'as-tu donné ces cœurs?
　Je courrais par toute la terre,
Pour peupler, ô Jésus, d'anges ton sanctuaire!
　Doux amour, triomphe! ou je meurs!

Si ce n'est pas pour les brûler de zèle,
　Pourquoi m'as-tu donné ces cœurs?
　Tu veux une troupe fidèle,
Prête à mourir pour toi quand ton amour l'appelle;
　Forme-là! triomphe! ou je meurs!

Si ce n'est pas pour panser tes blessures,
Pourquoi m'as-tu donné ces cœurs?
Ah! pour guérir tes meurtrissures,
Pour étancher ton sang, tu cherches des mains pures
Trouve-les, mon Maître, ou je meurs!

Si ne n'est pas pour souffrir en silence,
Pourquoi m'as-tu donné ces cœurs?
Je la connais, ta soif immense
De dire ton secret d'amour et de souffrance.
Ah! parle, triomphe! ou je meurs!

Si ce n'est pas pour refléter ta vie,
Pourquoi m'as-tu donné ces cœurs?
Fais-leur goûter, je t'en supplie,
Tes larmes, tes douleurs, ta sanglante agonie,
Brûle-les d'amour! ou je meurs!

Si ce n'est pas pour remplir tes promesses,
Pourquoi m'as-tu donné ces cœurs?
Où sont leurs brûlantes tendresses,
Pour adoucir un peu tes divines tristesses?
Hâte-toi, triomphe! ou je meurs!...

Si ce n'est pas pour être des victimes,
Pourquoi m'as-tu donné ces cœurs?
Avec toi, pour venger les crimes,
Emporte tes agneaux sur tes autels sublimes,
Et triomphe, Maître! ou je meurs!

Si ce n'est pas pour former ta couronne,
Pourquoi m'as-tu donné ces cœurs!
Quand le monde entier t'abandonne
L'amour ne saura-t-il veiller près de ton trône?
O Maître, triomphe! ou je meurs!

Si ce n'est pas pour qu'ils vengent ta gloire,
  Pourquoi m'as-tu donné ces cœurs?
  Seigneur, efface ma mémoire,
Foule-moi, s'il le faut, sous ton char de victoire!
  Mais, du moins, triomphe! ou je meurs!

Si ce n'est pas pour imiter *Marie*,
  Pourquoi m'as-tu donné ces cœurs?
  Amour qui brûle sous l'hostie,
Comme la Vierge Sainte aimait l'Eucharistie,
  Fais-nous donc t'aimer! ou je meurs!

Si ce n'est pas pour l'amour séraphique,
  Pourquoi m'as tu donné ces cœurs?
  Autour du calvaire mystique,
Fais-leur chanter du Ciel le virginal cantique
  Epoux sacré, règne! ou je meurs!

Si ce n'est pas pour dévoiler tes charmes,
  Pourquoi m'as-tu donné ces cœurs?
  Roi d'amour, use de tes armes!
Que, de tes yeux noyés dans le sang et les larmes,
  Un regard les brûle! ou je meurs!

Si ce n'est pas pour toi seul, Roi suprême,
  Pourquoi m'as-tu donné ces cœurs?
  Ah! je voudrais être anathème
Pour qu'un grand cœur de plus te glorifie et t'aime!
  O Maître, triomphe! ou je meurs!

27 mai 1877.

Ne croirait-on pas entendre la *grande contemplative d'Avila*, qui, elle aussi, ne dédaignait pas de demander au rythme et à la poésie de traduire l'amour qui embrasait son cœur?

«C'était hier, écrit-elle, la fête du Nom de Jésus et nous eûmes une grande réjouissance au couvent. Je ne sais comment reconnaître vos bontés, à moins que vous ne vouliez accepter en échange ces couplets que j'ai faits pour divertir nos sœurs, avec qui j'ai passé la récréation du soir. Ils n'ont ni pied ni tête, mais on ne laisse pas de les chanter.

En voici d'autres que je fis un jour que j'étais absorbée en oraison. Il me semble, à mesure que je les composais, qu'une douce paix envahissait mon âme.»

Suit ce chant bien connu:

Vous triomphez, ô Beauté sans seconde,
Pour vous, j'éprouve un tourment enchanteur.

Entre ces couplets et ceux que nous avons cités de la Mère Marie de Jésus, la parenté est manifeste. Il nous semble impossible de ne pas en être frappé.

XII.

A peine investie, dans des circonstances si pénibles, du lourd fardeau de l'autorité, la nouvelle Supérieure tourna les yeux vers Rome, cette Rome où vont les hommages de filiale obéissance des cœurs chrétiens et d'où leur vient le secours. Le pape Léon XIII, de pieuse mémoire, lui avait envoyé, dès son entrée en charge, ainsi qu'à ses Filles, la plus paternelle des bénédictions. C'était le début des particulières bontés qu'il devait avoir durant tout son glorieux pontificat pour la Société des Filles du Cœur de Jésus. Au mois d'avril 1885, pour le premier essai de ses forces, leur Supérieure Générale fit le voyage de Rome. Le Saint-Père se montra d'une extrême bienveillance et promit de protéger toujours une Œuvre dont il appréciait si fort le caractère et l'importance. L'accueil des cardinaux et des prélats romains ne fut pas moins sympathique. La Révérende Mère revint chargée de bénédictions et d'encourageantes promesses.

Mais, à Marseille, l'épreuve faisait rage autour de la petite Société; il avait fallu quitter la Servianne! On trouva un premier asile dans une maison du boulevard Saint-Charles: on y était bien à l'étroit, mais la charité et la paix régnaient parmi ces enfants du bon Dieu; et d'ailleurs, on avait en la personne du pieux évêque de Marseille, Mgr. Robert, un protecteur absolument et énergiquement dévoué.

Sur ces entrefaites, le 25 février 1888, paraissait un Bref laudatif de Léon XIII où, après avoir nommé Marie Deluil-Martiny *une pieuse et insigne vierge,* il daignait louer et recommander grandement le but de la Société des Filles du Cœur de Jésus. Il leur accordait en même temps un puissant protecteur en la personne du cardinal Camille Mazzella, l'un des membres les plus éminents du Sacré-Collège et à qui le culte du Sacré Cœur était si cher.

Elle grandissait, du reste, l'humble plante semée par la Mère Marie de Jésus et arrosée de son sang; elle enfonçait chaque jour plus avant ses racines dans le sol chrétien. Le 12 mai 1889, une maison des Filles du Cœur de Jésus s'établissait à Turin, sous le bienveillant patronage du cardinal Alimonda. Les humbles religieuses qui venaient se fixer ainsi dans la grande cité piémontaise faisaient profession de se dévouer, par la *prière* et *l'immolation* personnelle, aux *intérêts du sacerdoce catholique*. Profondément touchés de cette double considération, les prêtres de Turin et des environs (puissent-ils avoir partout de nombreux imitateurs!) ne tardèrent point à venir à ce sanctuaire *comme à une source de pieuses pensées et de saintes énergies*. Depuis 1896, constitués en dévote ligue sous le nom de *Prêtres-Disciples du Sacré Cœur* ils y viennent chaque année en pèlerinage et c'est un spectacle singulièrement émouvant que de voir réunis dans cette chapelle des centaines de prêtres en surplis, présidés souvent par S. E. le cardinal Richelmy. Ainsi se traduit dans des faits cette idée de l'union au sacerdoce par le sacrifice et la prière, qui est l'une des plus belles et des plus grandes idées de l'Institut des Filles du Cœur de Jésus.

Le 9 juin 1895, nouvelle fondation à Schwyz, en Suisse, dans un vieux couvent franciscain du XVe siècle, le Klösterli de Saint-Joseph. Ce fut une fête grandiose à laquelle prirent part les autorités de la ville avec tous les habitants. Heureux pays où la foi règle les actes publics de la cité, tout aussi bien que la vie privée de chaque citoyen! Mais aussi le Cœur de Jésus se plaît à répandre ses faveurs sur la région.

Puis, en 1897, ce fut Montpellier qui reçut

un nouvel essaim des Filles du Cœur de Jésus. Cependant déjà grondait l'orage qui allait disperser et rejeter hors de France tant de familles religieuses ; au grand regret de Mgr. de Cabrières, qui eût voulu les garder toujours, les Filles du Cœur de Jésus durent s'éloigner, elles aussi.

Vers le milieu de 1903, la Maison de Marseille se vit, à son tour, obligée par une loi inhumaine de quitter la France. Une partie des religieuses ainsi chassées allèrent grossir un groupe qui fondait la maison de Namur, en préparation depuis quelques années sous le bienveillant patronage de Mgr. Heylen ; il s'y établit même un noviciat pour celles des sœurs dont la santé pouvait s'accommoder du climat du Nord. Les autres — ce fut le plus grand nombre — se rendirent à Rome, où le cardinal Aloïsi Massella, qui, en 1900, avait remplacé comme protecteur de la Société le cardinal Camille Mazzella, de vénérée mémoire, sollicita du Saint-Siège l'autorisation de fonder une maison dans la Ville Éternelle. Le Souverain Pontife Léon XIII accueillit la demande avec une paternelle bienveillance, en se disant heureux d'accorder cette consolation aux Filles du Cœur de Jésus comme un dédommagement des épreuves qu'elles avaient subies.

L'emplacement choisi pour le nouveau

monastère était près de la Porta Pia. Pins et chênes verts dans le jardin, de l'air et une échappée sur la ligne bleue des monts de la Sabine, tout y faisait un site idéal pour une communauté contemplative ; mais ce qui était infiniment plus précieux, c'est qu'on avait dans la maison même l'entrée de la Catacombe de Saint-Nicomède.

Heureuses de vivre à l'ombre du Vatican, sur un sol consacré par le sang des martyrs, les Filles du Cœur de Jésus ont établi là leur Maison-Mère et leur principal noviciat. La Maison d'Anvers, qui fut le berceau de l'Institut, conserve néanmoins toute son importance ; elle est devenue en 1902 le centre général pour la Belgique de l'Archiconfrérie de la Garde d'honneur.

Ajoutons avec joie qu'en toutes ces fondations nouvelles règne la ferveur avec l'esprit qui est propre à l'Institut. Nous sommes toutes pareilles, disait récemment avec une sainte fierté la T. R. Mère Générale. C'est une véritable bénédiction de Dieu.

Et voici qui intéressera au plus haut point bien des personnes pieuses : un grand nombre d'âmes vivant dans le monde ont peu à peu entrevu ce qu'il y a d'idéalement beau et de divinement attirant dans le sacerdoce mystique (*)

(*) Vous êtes la race choisie, le sacerdoce royal, la nation sainte. 1 Petr. II. 9

dont Dieu honore les simples chrétiens, ou dans les sublimes immolations de l'état de victime; non contentes de suivre par la pensée le groupe de vierges consacrées qui, dans une existence toute vouée au sacrifice, convertissent ces idées saines en réalités bien vivantes, elles ont sollicité la faveur de s'unir à lui pour participer à ses *dispositions,* à ses *actes,* à ses *mérites,* pour se serrer avec lui autour de l'Hostie sainte et l'offrir à Dieu en union avec le prêtre à l'autel.

A ces demandes réitérées d'affiliation, qui correspondaient si bien au large dessein qu'avait conçu la Mère Marie de Jésus, d'étendre l'esprit et le bienfait de l'Œuvre à l'élite des âmes pieuses vivant dans le monde, la nouvelle Supérieure Générale répondit par la constitution de cette association si chère qui, en ce siècle de sensualisme, excite les fidèles à s'unir avec les Filles du Cœur de Jésus, par *l'immolation* et la *réparation,* à Jésus-Christ, Prêtre et Victime sur nos autels.

Au reste, la Révérende Mère s'engagea avec d'autant plus d'ardeur dans cette voie, qu'elle reçut les plus consolants encouragements. Et Léon XIII, en approuvant plus tard, en date du 2 février 1902, les Constitutions des Filles du Cœur de Jésus, *approuva* en même temps l'affiliation.

Nous nous en voudrions de passer sous silence une autre association, d'un caractère plus spécial et qui ne fut agréée par la Supérieure générale qu'après plusieurs années de demandes fréquemment renouvelées : c'est l'*Association des âmes victimes du Cœur de* Jésus, qui permet aux personnes vivant dans le monde de s'unir aux Filles du Cœur de Jésus *par un acte spécial d'oblation :* s'abandonnant sans réserve au Cœur du divin Maître, elles acceptent d'avance toutes les peines et les souffrances tant pour l'âme que pour le corps et l'esprit, qu'il jugera bon de leur envoyer.(*)

Voilà ce que fait la grâce de Dieu : si l'iniquité domine et si la grande masse, en ces temps mauvais surtout, oublieuse de ses devoirs et de son éternité, se rue aux plaisirs des sens, le souffle divin suscite des âmes qui, aimant Jésus jusqu'au sacrifice total d'elles-mêmes, se joignent volontiers de cœur à la généreuse phalange des volontaires de l'immolation de soi !

(*) Il va sans dire, ainsi que le remarquait avec esprit une de nos associées que cet acte n'entraine pas *une mort terrible, deux heures après son émission* , mais il sanctifie cette suite de légers sacrifices et de renoncements familiers qui, le plus souvent, est le partage de l'existence chrétienne ; les grands sacrifices, du reste, ne sont guère chose quotidienne.

Ajoutons enfin que *le scapulaire du Cœur agonisant de* Jésus *et du Cœur compatissant de* Marie, approuvé par la Congrégation des Rites pour les Filles du Cœur de Jésus et les personnes affiliées à leur Institut, a été concédé par la forme même du Décret *au monde entier.* Les âmes intérieures que la grâce ramène souvent aux douleurs du Cœur de Jésus et de celles de la sainte Vierge, aimeront à revêtir ce scapulaire.(*)

Le sang du martyre avait coulé il y a plus de vingt ans; Dieu ne lui a point refusé la vertu féconde qui fait germer les œuvres et les âmes chrétiennes; en dépit des difficultés qui devaient arrêter son essor, la famille religieuse de la Mère Marie de Jésus s'est multipliée d'une façon merveilleuse; avec un soin jaloux, elle a pris ici ou là ce qu'il y a de plus pur et de plus généreux, pour le grouper sous la même bannière du sacrifice et de l'immolation de soi. Vraiment, par sa mort, la Mère Marie de Jésus a, dans beaucoup d'âmes, établi le triomphe du divin Cœur.

Le Sacré Cœur! Mais la vénérée fonda-

(*) Ce scapulaire est destiné à devenir le préservatif contre le schisme et l'hérésie, et tout le monde en constatera l'opportunité à l'heure présente, comme déjà en 1848 le R. P. Roothaan, général des Jésuites, l'avait compris en s'en revêtant un des premiers.

trice veut à tout prix procurer son règne ici-bas! «Je ne vis, écrit-elle, que du désir qui me brûle: c'est que le Cœur du Maître soit connu, aimé, glorifié Roi des cœurs... A Dieu d'exalter le Cœur sacré de Jésus! Qu'Il triomphe et que nous soyons anéanties pour Lui!» Outre donc la Garde d'honneur, dont elle fut dès sa prime jeunesse la plus ardente zélatrice, Marie de Jésus en cherche une autre et plus intime et plus constamment assidue autour de ce divin Roi. Les outrages qui lui sont adressés sont de tous les instants, incessantes également seront les prières et les immolations.

Et ainsi fut fondé l'Institut des Filles du Cœur de Jésus, humble et dévouée garde du Corps eucharistique, résolue à combattre pour le règne du Sacré-Cœur avec l'arme de l'immolation et de la prière et sans autre désir que de Le voir connu, aimé et exalté jusqu'aux confins du monde: *Oportet Illum regnare!* Ce texte, gravé dans le blason de l'Institut et, mieux encore, au fond du cœur de ses religieuses, est à tout jamais leur pieuse et noble devise!

On s'imagine aisément, après cela, la joie des Filles du Cœur de Jésus quand, le 30 août 1903, sous les voûtes de la toute gracieuse basilique d'Anvers, vraie maison royale du Sacré-Cœur confiée à leurs soins, eurent lieu, en suite d'un Bref de S. S.

Léon XIII, les fêtes du premier couronnement officiel de la statue du Sacré Cœur. Le cardinal Goossens, de regrettée mémoire, avait eu l'honneur et l'indicible félicité d'accomplir, le premier, au nom du Souverain Pontife, cet acte d'une si haute portée religieuse et sociale : *la reconnaissance publique et solennelle de la Royauté du Cœur de Jésus.(*)*

Renouvelée plusieurs fois depuis, cette auguste cérémonie ne fut nulle part, croyons-nous, entourée de plus de solennité qu'à Turin, dans la chapelle des Filles du Cœur de Jésus : deux cents prêtres composaient l'assistance, présidée ici aussi par un prince de l'Eglise, le cardinal Richelmy, archevêque de cette ville. Ces prêtres avaient voulu offrir eux-mêmes le riche diadème destiné à ceindre le front du Roi des rois.

Quel honneur pour les Filles du Cœur de Jésus d'avoir inspiré, pour leur part, ce mouvement essentiellement catholique! Mais, pour elles encore, quel bonheur surtout!

(*) Certes, avant le couronnement du Sacré-Cœur à Anvers, il y avait eu ailleurs des couronnements de sa statue, mais aucun, nous tenons à le faire remarquer, n'avait un caractère officiel ; ils étaient le fruit pieux de dispositions purement privées. Pour Anvers, au contraire, c'est en vertu d'un Bref spécial de S. S. Léon XIII que feu le cardinal Goossens procéda à cette émouvante cérémonie.

Car le Sacré Cœur n'oublie jamais ceux qui · travaillent à sa gloire, et l'Institut en recueille d'ores et déjà les bénédictions les plus précieuses !... Après le Sacré Cœur, voilà bien l'objet principal de la piété des Filles du Cœur de Jésus : la douce Vierge Marie, considérée dans ses rapports avec le sacerdoce ! Parmi les multiples aspects sous lesquels on peut envisager l'idéale créature qui, au titre de Mère de l'Homme-Dieu, fut mêlée, de par un dessein providentiel, à tous les mystères chrétiens, celui-ci s'offre aux âmes intérieures comme l'un des plus touchants et des plus nobles, et, un jour ou l'autre, sous l'action mystérieuse et puissante du Saint-Esprit, il devait venir une famille religieuse qui aurait à cœur de s'attacher spécialement à ce point particulier de la piété chrétienne pour le méditer, le vénérer et l'appliquer d'une manière pratique à la vie des âmes. Si Marie est l'honneur et le soutien de la femme vouée à Dieu — *intercede pro devoto femineo sexu*, lui dit l'Eglise — elle en est aussi le modèle ; et les diverses circonstances de sa très sainte vie et les vertus qu'elle y pratiqua se reproduisent, comme celles de Notre-Seigneur, dans l'imitation de ses enfants.

Hâtons-nous de le dire : les Filles du Cœur de Jésus ont conservé avec le plus religieux respect les idées doctrinales et les pratiques pieuses de leur Mère fondatrice relativement à la Vierge Médiatrice. Elles l'invoquent, la vénèrent, se pénètrent à l'envi de ses dispostitions intimes dans leur union continuelle au Saint-Sacrifice par la prière et l'immolation. Pour faire entrer plus avant dans le cœur de ses religieuses cette dévotion à la très Sainte Vierge, la Supérieure Générale crut devoir s'adresser à l'art de la peinture et elle demanda à un grand artiste romain, un tableau représentant l'auguste Reine du Sacerdoce dans l'attitude de l'offrande.

L'idée n'était pas une nouveauté ; c'était un retour à la pieuse antiquité chrétienne. Dans plus d'une Orante des Catacombes, il est impossible de ne pas reconnaître la Ste Vierge Marie. Mais une œuvre d'art ancienne, qui nous la représente sûrement dans cette attitude d'offrande et qui nous dit qu'elle est pour le sacerdoce chrétien un modèle, un soutien, une mère, c'est la mosaïque de l'abside de St Venance, au baptistère de Latran. Au centre la Vierge est en Orante ; autour d'elle, à droite et à gauche, on voit St Pierre, St Paul, St Jean Baptiste et St Jean l'Evangéliste ; puis les saints martyrs Venance et Dominion et enfin les deux Papes qui firent élever et décorer cet oratoire ; le pape Jean IV 640 - 642, et le pape Théodore, 642 - 649.

Ces idées n'étaient point pour rester derrière

les murs d'un couvent, comme un patrimoine précieux, mais réservé à quelques âmes d'élite; elles méritaient d'être appelées à la pleine lumière de la grande vie chrétienne. Mgr. Van den Berghe les avait développées dans son pieux ouvrage, *Marie et le Sacerdoce,* que les prêtres et les âmes dévouées à Marie devraient connaître et méditer. Par les soins de la Supérieure Générale, il fut traduit en italien; la traduction eut beaucoup de succès et elle valut aux Filles du Cœur de Jésus l'honneur de recevoir du Cardinal Vincent Vannutelli la lettre dont nous extrayons ce passage:

« L'auteur du livre, Marie et le Sacerdoce « a résumé et interprété, avec autant de « science que de piété, les pensées des « Docteurs de l'Eglise se rapportant au « sacerdoce mystique de Marie, et elles « forment comme un concert de louanges « à la gloire de notre auguste Souveraine. « Sans être revêtue du caractère sacerdotal, « Marie ayant été si étroitement unie au « sacrifice du Prêtre Eternel, Jésus-Christ « Notre-Seigneur, a été appelée par des Pères « de l'Eglise *Virgo sacerdos,* et le Bref du « grand Pontife Pie IX, accepte et consacre « ce titre glorieux. Saluons, à notre tour, « cette divine Reine du Sacerdoce, et, en « cette année mémorable, formons le vœu « qu'elle remplisse de son esprit tous les

« membres du clergé et obtienne de son Fils de
« répandre sur eux, comme sur l'Eglise entière,
« une grande abondance de bénédictions et
« de dons célestes. . . Rome 16 Juillet 1904. »
Le Congrès Marial annoncé dans cette lettre
et qui se tint à Rome en décembre 1904,
fut un triomphe pour la Vierge Immaculée.
Un éminent religieux, distingué par son
savoir, professeur de théologie dogmatique
au Collége de la Propagande, fut invité par
le Président du Congrès à traiter certaines
questions relatives à la Sainte Vierge ; il
s'attacha principalement à justifier son titre
de Corédemptrice, que certains affectent de
regarder comme douteux, et même comme
étranger à la foi catholique. Sans doute,
dit-il, Notre Seigneur Jésus-Christ est le seul
Rédempteur. Lui - même toutefois s'est
adjoint des coopérateurs en créant les prêtres,
ministres de la Loi nouvelle. Elle est
sublime, la dignité du Prêtre. Mais la Mère
du Rédempteur en sera-t-elle privée ? Non,
quoiqu'on ne puisse pas l'appeler Prêtre
dans le sens propre du mot, néanmoins à
cause de son union intime au sacrifice du
Christ, bien plus excellemment que les
prêtres on peut l'appeler et on l'appelle, en
effet, Corédemptrice.

Venu en ce monde pour faire la grande
œuvre de la Rédemption, passionné pour
la Croix sur laquelle il devait la consommer,

Jésus ratifia dès le principe le décret déjà
porté de s'adjoindre sa très sainte Mère
dans cette œuvre; et au moment de son
agonie, Il mit le sceau à cet arrêt de sa
volonté, lorsqu'Il constitua sa propre Mère,
Mère des hommes, voulant que par Elle,
ils obstinsent le salut qu'il leur avait mérité.
Aussi, comme a dit Léon XIII, la Vierge
du Cénacle aida grandement les prémices
du Christianisme, par la sainteté de ses
exemples, par l'autorité de ses conseils et
la suavité de ses encouragements, et enfin
par l'efficacité de ses prières, comme vraie
Mère de l'Eglise et Maîtresse des Apôtres.
A propos des douleurs de la Très Sainte
Vierge dans la Passion, douleurs qu'elle
souffrit non pour elle-même, mais pour les
hommes, l'orateur rappelle comment, depuis
peu, Dieu a suscité dans l'Eglise un nouvel
Institut, celui des Filles du Cœur de Jésus,
qui ont pour but de s'offrir à Dieu pour
le grand bien de la tribu sacerdotale, unissant
leur sacrifice à celui du Rédempteur et de
sa divine Mère, laquelle peut être appelée
à bon droit la gloire du sacerdoce catholique.

C'est dans ces régions que la Mère Marie
de Jésus désirait voir vivre ses filles; elles
y vivent. Les anges de Dieu recueillent,
pour les porter au ciel, les immolations des
victimes volontaires qui ont assumé le grand
devoir de la réparation.

Et le Christ qui ne peut plus souffrir, mais qui veut que l'humanité s'associe activement au mystère de sa Passion, daigne unir le mérite de ces faibles obscures immolations au mérite infini des siennes, afin que par là le monde soit épargné et les âmes sauvées.

APPENDICE

SUR L'ESPRIT PARTICULIER

DE LA MÈRE MARIE DE JÉSUS

(Traduit de l'italien)

APPENDICE

SUR L'ESPRIT PARTICULIER
DE LA MÈRE MARIE DE JÉSUS.

La Mère Marie de Jésus est une de ces grandes âmes que Dieu dans sa miséricorde envoie de temps en temps à l'Eglise, comme un secours spécial et opportun en faveur de ses enfants qui militent sur la terre.

L'Histoire de l'Eglise nous présente un grand nombre de ces âmes investies d'une mission providentielle. Par l'exemple d'une vie sans tache, par un zèle plein d'ardeur, méprisant toute considération humaine, elles viennent opposer une puissante barrière à l'immense diffusion des fausses doctrines qui sont la mort de la foi, des mœurs et de la piété chrétienne.

Mais en ce temps où le règne de l'erreur semble avoir envahi presque toute la terre, ce qui frappe d'étonnement c'est que le Cœur de Jésus ait voulu jeter ses regards sur une jeune fille faible, désarmée pour la revendication de ses droits divins.

La Mère Marie de Jésus, mieux qu'aucune autre de son sexe peut-être, a eu l'intuition objective et exacte des tristes et réelles conditions de la Société de nos jours. Voici le tableau qu'elle en fit dans une lettre du 8 décembre 1882.(')

(') Cette lettre constitue une magistrale étude de sociologie spirituelle si je peux m'exprimer ainsi — et les lecteurs me sauront gré d'avoir cité ce long passage.

L'antique ennemi du genre humain, qui est aussi
et surtout l'ennemi de Dieu, a de tout temps
conspiré à perdre les âmes ; mais jamais peut-être
plus qu'aujourd'hui il n'a osé guerroyer avec tant
d'audace, de cynisme et de perfidie. Cette lutte
revêt depuis un siècle et demi, un caractère spécial
qui doit inspirer les réflexions les plus graves ; ce
n'est plus comme autrefois une attaque partielle
contre quelque point du dogme et de la morale
catholique, une erreur qui, après les plus funestes
agitations, était comme forcée de se cantonner sur
certains points, ne pouvant s'emparer selon ses
souhaits d'une société dont les grandes assises
n'avaient point encore été désorganisées dans
leurs bases ; ou une révolte accidentelle et locale
contre quelque prince ; de nos jours c'est un vaste
mouvement d'ensemble contraire à tous les dog-
mes religieux, à tous les principes de la morale,
et à toutes les bases de la société religieuse et
civile. Ce mal est universel, il se répand chez tous
les peuples du monde, malgré les différences de
climat, de race, de gouvernement, enlaçant les
intelligences dans un vaste réseau de mensonges
couverts et exprimés par des mots séduisants.(*)
Dans l'esprit d'un très grand nombre d'hommes
toutes les vérités sont amoindries ; les plus
étranges aberrations sont accréditées ; les plus
manifestes erreurs sont acclamées ; les principes
les plus subversifs sont proclamés et admis En
face de l'Eglise de Jésus-Christ, se dresse presque
sans voile, enhardie par les malheurs des temps
l'infernale Eglise de Satan qui, si longtemps, a
tramé ses complots dans l'ombre, et a couvert du
plus profond secret ses erreurs abominables, ses
ignobles mystères et ses desseins odieux. Elle

(*) Mgr Dechamps, *Les sociétés secrètes et la
Société*.

poursuit follement l'anéantissement des droits de
Dieu en ce monde, le renversement de l'Eglise et
de toutes les bases de l'ordre social chrétien,
l'exaltation de la prétendue perfection native de
l'homme et de son indépendance vis-à-vis de
Dieu, la destruction de toute autorité, le règne de
la matière, du désordre et de l'impiété, la néga-
tion même de Dieu : ni Dieu ni maître ! voilà le
résumé des doctrines de cette école infernale.

La cause et l'agent de ce mal immense ce sont
donc surtout les sociétés secrètes, dont la diffusion
est devenue prodigeuse, et qui paraissent toutes
se rattacher d'une façon ou de l'autre à la franc-
maçonnerie ; et ce mal lui-même, c'est ce qu'on
est convenu d'appeler avec des interprétations si
diverses : la révolution sociale et religieuse.

Et remarquez bien ici, qu'il ne s'agit pas de
politique ; la politique n'est qu'un masque pour
les sectes ; toutes les formes de gouvernement
leur vont, si elles peuvent les guider et les cor-
rompre et aller par elles à leur but infernal. Rêve
insensé et impie ! elles ont cru, assure-t-on, oubliant
l'intervention divine et les promesses faites par
Notre-Seigneur Jésus-Christ à son Eglise, qu'elles
pourraient arriver un jour à mettre la main sur la
Papauté, et à asseoir un des leurs sur la chaire de
Pierre, pour rendre la révolution vraiment mai-
tresse du monde et remplacer le règne de Jésus-
Christ par le règne de Satan. Ces infâmes desseins
sont constamment déjoués par l'assistance surnaturelle que Dieu donne à son Eglise.

Gouverner les âmes pour le triomphe du mal tel
est le but des sectes secrètes. L'Eglise seule a le
droit et le pouvoir de les gouverner pour les mener
à Dieu ; Elle accomplit ici-bas le plan de Dieu ; la
secte s'efforce d'accomplir le plan de Satan et de
l'homme ligués et révoltés contre Dieu.

«Ce plan infernal qui est en réalité la doctrine de la Franc-Maçonnerie mise en action, met les prétendus droits de l'homme à la place des droits et de la loi de Dieu ; et par un renversement radical de l'ordre pose l'homme comme sa fin à lui-même. C'est la déification impie et satanique de l'humanité, ou l'homme mis sacrilègement à la place de Dieu. L'idée religieuse elle-même doit disparaître ; tout devient humain, c'est-à-dire indépendant de la loi divine et de toute fin surnaturelle, l'organisation, le pouvoir, les moyens et le but.(*) La raison révoltée et la fausse science remplacent la foi et la vérité ; et l'idée improprement appelée laïque et qu'il faudrait appeler satanique est substituée à l'idée religieuse.

La secte secrète attaque, poursuit et veut anéantir à la fin la religion, la morale, l'autorité, la famille, la propriété, l'éducation chrétienne, tout gouvernement honnête, la vraie liberté et la Papauté, qu'elle regarde comme le centre et la garantie de toutes ces grandes choses qui constituent la société et sur lesquelles elle repose comme sur sa base. Elle veut tout détruire pour en arriver à ce qu'elle appelle l'état de nature, c'est-à-dire véritablement à l'anarchie, à la sauvagerie et à la barbarie ; plus de culte, que l'adoration de soi-même, plus de devoirs qu'un égoïsme effréné, et la satisfaction par tous les moyens des instincts les plus monstrueux.

Elle fait entrer ses adeptes dans les conseils des nations, pour y combattre, par des menées secrètes et habiles, ce qui est contraire à ses fins : elle monte quand elle peut, au faîte du pouvoir social, pour réaliser par des lois impies le but épouvantable qu'elle poursuit et qu'elle ne cache

(*) Mgr Dechamps, *Ibid.*

plus de nos jours, à cause du nombre considérable
de ses initiés, que sous des voiles transparents et
menteurs qui ne trompent pas les esprits sérieux.
Nous en sommes les témoins attristés. Et qu'est-ce
donc que ces lois d'oppression contre toutes les
justes libertés de l'Eglise? cette spoliation des
Etats du Saint-Siège? Cette captivité imposée
au Souverain Pontife? cette violation du domicile
des religieux et cette dispersion de leurs communautés? Ces mesures contre le recrutement du
sacerdoce? ces lycées de jeunes filles? ces atten-
tats sacrilèges contre les sanctuaires catholiques?
ces écoles sans Dieu? ces hôpitaux sans prêtres,
ces lois désorganisatrices de la famille? cet enlève-
ment du Crucifix dans nos cimetières et partout?
cette haine de Dieu soufflée aux âmes innocentes
des petits enfants? cette liberté sans frein accordée
aux publications les plus corruptrices? Cette propagation effrénée des doctrines les plus subver-
sives et les plus honteuses? cette violation des
droits les plus sacrés?... Qu'est-ce donc si ce n'est
la réalisation à ciel découvert et par les voies
prétendues légales, des doctrines admises et des
plans arrêtés depuis si longtemps dans les conci-
liabules de la franc-maçonnerie, et tant de fois
signalés par les Souverains Pontifes comme des-
tructrices de toute morale, de toute société, et de
toute religion?

«En face de l'erreur ainsi triomphante et presque
maîtresse du monde, ayant du moins pour elle la
force matérielle, le pouvoir et cette apparente
légalité par laquelle on cherche de nos jours à
légitimer tant de mal, faut-il donc désespérer du
présent et de l'avenir?... Jamais! Jamais! Jésus-
Christ a vaincu Satan et le monde! A Jésus-Christ
toute puissance appartient; au nom de Jésus-Christ
tout genou fléchit, même dans les enfers. Les
nations lui ont été données en héritage. Pendant
qu'il laisse la bête infernale se débattre à ses pieds

« dans de passagers et trompeurs succès, vainqueur
il triomphe, et les Anges des Cieux chantent déjà
sa victoire définitive!

« Toute l'action de la Révolution et des sectes
secrètes est essentiellement satanique, tout y est
mensonge, enchaînement fatal d'erreurs, tendance
aveugle vers la destruction, mais incapacité radi-
cale de rien édifier de durable, même pour le bonheur temporel des peuples : leurs idées et leurs
maximes perverses portent le signe de la bête ;
c'est l'écho de la révolte de l'Ange déchu qui
cherche à entraîner à sa suite l'homme que Dieu
a tant aimé.

« Mais qui est comme Dieu? Les portes de l'enfer
ne prévaudront point contre l'Eglise qu'il a fondée. Le triomphe final n'est point pour ceux qui
portent le signe de la bête ; il est pour nous qui
portons le nom de Jésus-Christ sur nos fronts et
son amour dans nos cœurs !...

« La Providence marche par des voies incompré-
hensibles à l'esprit humain ; elles n'en sont que
plus adorables ; et c'est là-haut que nous aurons
la joie, la surprise et l'admiration de ce grand
plan divin, dont chacun de nous ici-bas ne perçoit
que quelques lignes sans voir l'ensemble. « Il a
fallu que Jésus-Christ souffrît et qu'il entrât ainsi
dans sa gloire ; il faut que l'Eglise et les âmes
passent par le même chemin. L'Eglise ne vit pas
seulement un jour ; quand les martyrs tombaient
comme tombent l'hiver les flocons de neige, n'eut-
on pas pu croire que tout était perdu? Non, leur
sang préparait les triomphes de l'avenir! Nous
ne vivons pas pour nous, il faut tout voir dans les
desseins de Dieu ; nos douleurs actuelles —
iraient-elles au comble et serions-nous sacrifiées
nous-mêmes dans le désastre, — achètent et
préparent des triomphes futurs et assurés de
l'Eglise ; nous travaillons pour ceux qui viendront
après-nous ; et ils recueilleront, *Ad majorem Dei*

gloriam, le fruit de nos larmes... et peut-être de notre sang. »

Il ne semble pas possible de trouver chez une femme, qui a toujours vécu cachée à l'ombre d'un cloître, des vues si sûres, si fortes, si magnanimes.

Mais où a-t-elle puisé ces pensées si profondes, cette largeur de vues, cette générosité de volonté ? Quel principe en a donc été le moteur ? Quelle est la maxime fondamentale, l'impulsion puissante qui a suscité, affermi, développé dans son esprit cet idéal véritable, ces conceptions sublimes, cette confiance sans bornes dans le triomphe complet sur le mal et les apostasies !

La cause principale, le moteur qui a dirigé la pensée et le cœur de Marie Deluil-Martiny c'est le Cœur de Jésus lui-même auquel elle s'était consacrée depuis ses plus tendres années spontanément et pour toujours.

Pendant que le monde conspirait avec plus de haine contre la Divine et Royale Majesté, du haut de son trône eucharistique Jésus usa encore une fois de miséricorde et résolut de se préparer, en la personne de Marie Deluil-Martiny, un instrument propre à la restauration et à la propagation de son règne sur la terre. Le généreux cri de guerre et de victoire de l'Apôtre des Gentils : *Oportet illum regnare* trouve un écho en ce cœur de vierge.

Avec sa nature recueillie et réfléchie elle adopte cette devise sur laquelle elle base un programme d'œuvres saintes et merveilleuses. De même que le solitaire de Manrèse appelé à combattre la réforme, sortit de sa retraite décidé à revendiquer la gloire de Dieu outragée, de même l'ardente vierge provençale, semblable à saint Ignace par le tempérament et le caractère, répond avec spontanéité à l'appel intérieur de la grâce.

7

Et Jésus pour réaliser un but si sublime dresse, dans son cœur un trône, un autel : le Règne de Dieu s'établit en cette âme, pacifique et absolu. Nourrie depuis l'âge de dix-sept ans de la solide doctrine de saint Ignace, elle fait de ces principes le fondement de sa sainteté : «Le plus noble usage de «la liberté est l'entier sacrifice que l'on en fait à «Dieu ; la liberté n'est qu'un moyen de glorifier «Dieu davantage en nous remettant à lui de plein «gré. Nous ne pouvons user de la liberté que pour «la soumettre à quelque chose. Préférerons-nous à «Dieu notre Bon Maître une créature ou un désir «de notre cœur !...

«Quand il s'agit de la volonté de Dieu rien, ni «plaisir, ni quoi que ce soit de créé, ne doit arrêter «une âme que Dieu a faite pour Lui seul !... Les plus étroites, les plus sacrées des affections humaines ne sauraient légitimer la moindre résis-«tance à la volonté de Dieu. Obéir à Dieu est le premier et le plus essentiel de nos devoirs Eh! «que pourrais-je aimer ! Jésus-Christ est le seul «aimable... La route qu'il m'indique mène au Ciel ; tout la reste n'est que vanité. A la mort, je voudrais «n'avoir aimé que Lui. - «Venez et suivez-moi.» O Dieu, que ce mot est beau ! Il est à moi si je le veux. J'y trouverai la paix, le bonheur, le cou-«rage, le salut ! A la plus grande gloire de Dieu, «pour le salut de mon âme et d'autres âmes.

«Mon Dieu écrasez-moi, mais sauvez mon âme et faites-moi la grâce de sauver des âmes : Tout pour votre Cœur et dans votre Cœur pour le temps et l'éternité.»

Cette totale donation de Marie au Cœur de Jésus reste inébranlable, même devant les obtacles et les épreuves qui ne tardent pas à se présenter. Mais ces épreuves lui servent comme d'autant d'échelons pour gravir humblement le chemin de la perfection ;

elle écrit dans ses notes: «Ne pouvant aimer
«Notre-Seigneur, je travaillais de toutes mes forces
«à le faire connaitre et aimer par d'autres».
Et ne négligeant rien pour se rendre toujours plus
apte ou mieux: *insignem se exibere,*(¹) à procurer le
règne de Jésus-Christ: «Il faut, se dit-elle, que ma
«vie soit une ébauche de celle que Dieu prépare à
«ses choisis. N'avoir qu'un amour: Jésus. Qu'un
«désir: Lui plaire et ne plaire qu'à Lui. Me dé-
«truire pour qu'Il vive en moi: Qu'un but, sa
«gloire, l'extension du règne de son Cœur. Qu'un
«travail, le faire aimer. Qu'une demeure, la Plaie
«de son Cœur au tabernacle. Ne plus mettre de
«bornes à l'amour. Désespérer de moi et tout
«attendre de Lui.»

Et Dieu voyant sa servante *prompte* et *diligente(²)* ne
tarda pas à lui ménager un champ d'action spécial
et déterminé où elle pût déployer son zèle: Un jour
il fait tomber sous ses yeux une petite feuille de
propagande d'une œuvre naissante: La Garde
d'Honneur du Sacré-Cœur de Jésus.

Marie sait parfaitement que tout est provi-
«dentiel dans la vie de l'homme et que cette douce
«Providence règle chaque action des enfants privi-
«légiés de Dieu jusque dans les moindres détails.»(³)

Cette feuille ne passe pas inaperçue pour elle:
elle la lit et la relit attentivement. Instruite à l'école
du saint fondateur de la Compagnie de Jésus, le
titre de Garde d'Honneur lui révèle tout un programme d'action apostolique. Le Divin Roi à qui

(1) Exercitia S. Ign.   II Hebd. De Regno Christi.

(2) Exercitia: *loc. cit.*

(3) Lettre de la servante de Dieu à Mgr Bougaud.

la Garde d'Honneur doit service et hommage lui parle vivement à l'âme et lui fait entrevoir tout un ensemble mystique de gloire, d'amour, de réparation au Cœur de Jésus. C'est la noble devise de l'œuvre naissante, sa fin essentielle.

«Une petite étincelle provoque un grand incendie». Mademoiselle Deluil-Martiny a enfin trouvé son œuvre, l'œuvre de son cœur; elle est subitement enflammée. Elle qui se plaint «qu'il y ait si peu de cœurs où Jésus soit Maître, Roi absolu, Propriétaire si l'on peut ainsi parler, même parmi les cœurs qui lui sont consacrés» et qui s'écrie à toute heure ô Jésus que votre règne arrive» pourra désormais satisfaire la soif ardente qui la dévore et annoncer à tout l'univers le règne du Cœur de Jésus. — *Oportet illum regnare!* — Et la Garde d'Honneur grâce à son zèle, du petit centre de Bourg où elle a pris naissance rayonne au loin avec une prodigieuse rapidité. Ce n'est pas en vain qu'on lui a décerné le titre de première zélatrice. Fidèles de toute condition dans le siècle, communautés religieuses de l'un et de l'autre sexe, prêtres de tout âge, Evêques et Cardinaux, personne n'échappe à son zèle d'apôtre. Tous les moments libres que lui laissent ses devoirs de famille sont employés à la diffusion de la chère œuvre.

Ainsi tandis que des jeunes personnes de son rang et de son âge perdent leur temps en frivolités plus ou moins dangereuses, cette jeune fille encore au sein de sa famille travaille avec une ferme conviction et une brûlante ardeur dans le seul but d'étendre le règne de Jésus-Christ dans les cœurs.

Quand Jésus est dans vos mains, écrivait-elle à un prêtre, dites-lui sans cesse : *Adveniat regnum tuum.* Et voyez! la Garde d'Honneur annonce ce règne, elle honore, elle entoure le Cœur de Jésus percé sur la croix! Tous les Pères s'accordent à dire que la Croix est le trône sur lequel Jésus-Christ a inauguré sa divine royauté sur les âmes. C'est de là qu'Il a attiré tout à Lui. Il portait là, sur sa tête, le titre même de sa royauté: *Rex!* Il est Roi d'amour et de douleur!... Les rois de la terre se forment une garde d'honneur composée de l'élite des dévouements; le Roi Jésus aura la sienne, qui se relèvera d'heure en heure auprès de Lui, pour Lui offrir sans cesse un hommage d'amour et de réparation. Le poste du garde d'honneur c'est le Tabernacle, parce que là il retrouve son Jésus toujours vivant et souvent, hélas, presque aussi délaissé qu'au Calvaire.

Que cherche l'ennemi de tout bien en ce malheureux siècle? écrivait-elle ailleurs. A anéantir le règne, la domination de Jésus-Christ dans les âmes et dans le monde et à régner à sa place. Aussi Satan s'est-il attaqué violemment à tout ce qui rappelle ou affermit ce règne souverain du Seigneur Jésus...

Est-il donc étonnant que voyant paraître une œuvre qui affirme et proclame Jésus-Christ Roi en face de toute la terre, qui l'affirme et le proclame par le nom même qu'elle adopte, car toute garde d'honneur suppose un souverain qu'elle entoure... est-il étonnant que Satan ait employé mille manœuvres contre ceux qui se dévouent à une semblable mission!

L'unique prétention des Gardes d'honneur est de se constituer les courtisans fidèles et dévoués de la Royauté méconnue et outragée de Jésus-Christ, de consoler par leur amour et leurs immolations le Cœur de ce Roi Divin, et d'obtenir par la très précieuse offrande du Sang et de l'Eau sortis de la plaie de cet adorable Cœur, la plus grande extension possible de la vie et du règne de Jésus-Christ dans les âmes. »

Oh! oui vraiment elle parle de l'abondance du cœur, *ex abundantia cordis!*

Le pieux et savant chanoine Laplace, biographe de la servante de Dieu, remarque que c'était un de ses traits caractéristiques de pénétrer jusqu'au fond des choses et d'aller aux conséquences extrêmes des principes qu'elle avait une fois adoptés. Il faut gagner des âmes à Jésus à force de sacrifices et d'immolations, voilà le principe de son apostolat spécial.

Dans la Garde d'Honneur Mademoiselle Dehuil-Martiny, avait trouvé le moyen d'appliquer largement ces principes: dans l'élan de son zèle elle avait même pu donner plus d'extension aux pratiques de l'Œuvre bien-aimée.

Mais son cœur ne dit jamais: « c'est assez »; soutenue par la grâce divine, elle se sent transportée à la pensée d'une œuvre très méritoire, mais devant imposer de grands sacrifices. Elle consiste à offrir au Cœur de Jésus non plus une heure par jour d'hommages et de prières, comme le demande le règlement de la Garde d'Honneur, mais des journées entières consacrées à ce noble but. Il était donc nécessaire de se constituer par un acte formel, *victime* volontaire et perpétuelle du Cœur de Jésus.

Devant ce magnanime projet Marie ne recule pas, cette part elle la choisira, la fera sienne; ce sera la part de son héritage, le calice de son sacrifice: *pars hæreditatis meæ et calicis mei.*(')

____

(') Ps. 15.

Les outrages adressés à Jésus-Christ soit directement, soit dans la personne de son Vicaire se renouvellent à chaque instant, se dit-elle. il faut donc que la prière et les immolations soient incessantes.

En un mot elle veut agrandir l'horizon de la Garde d'Honneur, elle veut que le but en soit perfectionné, rendu universel, elle aspire à une Garde d'Honneur plus intime, et qui suive de très près le divin Roi. Aimer et souffrir jusqu'aux dernières limites de l'amour et de la souffrance, Jésus est là, force et modèle. A ce prix Il régnera, Il se formera des épouses selon son Cœur immolé. O Jésus hâtez votre Œuvre. Des âmes, des âmes, s'écrie l'intrépide fondatrice s'adressant à son Bien-Aimé. Je n'en ai point assez pour votre gloire telle que je la rêve. Donnez-les-moi nombreuses, grandes, généreuses, sublimes! Des âmes médiocres qu'en feriez-vous au Calvaire et à l'autel? Souffrir, mourir, qu'importe, pourvu que vous régniez ... Mon cœur est fou de votre pur amour et de votre gloire, et il veut votre règne à tout prix.

Mais pour atteindre ce but élevé, sublime, il faut employer un moyen qui lui soit proportionné en sublimité et en hauteur. Et la servante de Dieu donnant plus de consistance à son dessein, révèle un sens pratique surprenant: Aller directement à Jésus pour le consoler et le dédommager. Songer à ses douleurs intimes, à sa gloire, à ses intérêts avant tout et par-dessus tout. S'occuper de Lui. En un mot. Lui! Lui! Ce mot dit tout. Je voudrais en incendier les cœurs. Mon salut, notre salut il faut le désirer, c'est vrai, mais il faut s'en fier à sa tendresse. Mais sa gloire, son règne, ses intérêts à Lui, c'est notre affaire. Et ce mot de Notre-Seigneur à une de ses âmes bien aimées me ravit: Occupe-toi de mes intérêts, je prendrai soin des tiens! Quelle grande chose qu'un cœur qui ne cesserait d'offrir Jésus et d'être immolé avec Lui par la fidélité incessante à tous les petits sacrifices inspirés par la grâce.

Offrir Jésus-Hostie, être immolée avec Lui voilà les deux pôles de sa pensée, elle s'y tient avec la fixité de l'amour, son âme s'est pour ainsi dire attachée à l'autel où Jésus s'immole, elle ne s'en détachera plus.

La pensée de l'immolation implique nécessairement celle du sacerdoce. Les Prêtres sont les ministres de l'autel, les vrais Sacrificateurs du Très-Haut, les plus intimes confidents du divin Roi Jésus. Il les admet à une intimité quotidienne, réelle, ineffable et de là les envoie évangéliser les âmes par le ministère sublime de la parole et l'administration des sacrements. Par le ministère ordinaire et permanent des Prêtres, le monde est constamment témoin de l'action sanctifiante de la grâce dans l'œuvre de la restauration et de la diffusion du règne de Dieu.

L'importance exceptionnelle de cette action ne pouvait pas être indifférente à l'intelligence éclairée de la Mère Marie de Jésus. Elle jugeait nécessaire pour l'accomplissement de son œuvre de connaître à fond l'esprit sacerdotal, de le reproduire en elle-même et dans son Institut.

Dans les premiers temps du Christianisme, le prince des Apôtres n'hésita pas à appeler ceux que le Christ avait rachetés, *populus acquisitionis, regale sacerdotium, gens sancta*,(*) toute âme unie à Jésus

____

(*) I Petr. II, 9.

par la grâce participant mystiquement à ses fonctions
augustes de Victime et de Prêtre.

Jésus s'est choisi des sacrificateurs véritables,
consacrés par son Eglise, représentants visibles et
autorisés de son Sacerdoce éternel. Ils sont les
ministres de la nouvelle alliance. Mais nous sommes
tous membres vivants de l'Eglise et nous participons
mystiquement à leur ministère sacré. Jésus est et
restera toujours l'unique, le vrai Prêtre de son
holocauste ; mais Il vit en ses ministres qu'Il fait
réellement participants de son sacerdoce : ainsi les
fidèles unis à Jésus et aux Prêtres, participent en
quelque sorte à la dignité sacerdotale.

A la Sainte Messe nous ne faisons qu'un avec le
célébrant, comme le célébrant ne fait qu'un avec
Jésus-Christ et le Ministre et les fidèles sont incor-
porés à Jésus, le Prêtre Eternel, dans une union
admirable.

La nouvelle fondatrice nourrie de ces sentiments,
réussit à donner une empreinte précise, régulière
et durable aux âmes choisies appelées avec elle
à participer en esprit au sacerdoce d'une manière
spéciale.

Voici avec quelle élévation de sentiments elle
décrit cet ineffable ministère : « La vie de l'âme-
prêtre se résume tout entière dans ces deux mots
« de perpétuelle communion, de perpétuelle offran-
« de. » Sans cesse elle reçoit Jésus-Christ, sans cesse
« elle le rend à l'adorable Trinité ; elle le donne et
« se donne encore avec Lui pour le recevoir encore.
« O royal sacerdoce de tous les chrétiens ! O minis-
« tère sacré des âmes de l'Institut futur ! Je n'en ai
« pas même saisi une ombre, et encore il m'est
« impossible d'exprimer ce que j'en ai saisi. Mon
« Dieu comment peut-on descendre de cette mon-

tagne sainte, où se passent de telles merveilles, pour s'occuper encore de néants passagers, de futiles riens ?

Comment peut-on s'approcher encore de quelque créature, si ce n'est pour lui dire et lui enseigner ce secret d'amour ? Un ordre animé de cet esprit poussé au degré sublime que Dieu veut lui donner, il n'y en a point encore ... Pourquoi donc les hommes n'élèvent-ils pas vers le ciel, par une oblation continuelle et tout intérieure, cette hostie infinie d'amour, de louange, d'action de grâces, de réparation, d'impétration ?

Si le vœu ardent et grandiose de la servante de Dieu n'est pas connu, et, encore moins apprécié d'un grand nombre d'âmes, nous sommes heureux de le voir du moins réalisé dans sa famille religieuse. Jésus a vraiment choisi et formé les épouses de son Cœur immolé ; l'Institut des Filles du Cœur de Jésus est canoniquement érigé dans l'Eglise et cette admirable phalange de blanches vierges s'est étendue dans les diverses parties de l'Europe. Voyons en elles les Sœurs de Charité du Cœur blessé de Jésus (')

Par le parfum de leurs prières, les larmes de leurs cœurs, leurs incessantes immolations, elles contribuent au salut de la société entière, à la restauration du règne de Jésus-Christ sur la terre, à l'exaltation de son Cœur adorable.

(') Paroles élogieuses de Mgr Mermillod, dans son discours, adressé aux Filles du Cœur de Jésus, le 17 août 1878, à l'occasion de la prise de possession de leur nouvelle basilique du Sacré-Cœur, à Anvers.

En Elles voyons aussi les auxiliatrices du Sacerdoce catholique : leur vie et leurs œuvres sont pour
les Prêtres un secours, une intercession et un
exemple.

Le secours c'est le fruit de leurs sacrifices inté-
rieurs et réels ; l'intercession, la prière incessante
qu'au pied de l'autel elles élèvent sans cesse pour
eux vers Jésus-Christ, Roi et Prêtre Eternel, leur
exemple consiste dans leur suave délicatesse pour
ce qui touche au culte : l'office divin, les douces
mélodies liturgiques, la délicatesse et l'amour avec
lesquels elles entourent le trône Eucharistique
faisant de leurs Eglises autant de petits paradis.

Ah ! si tous les Prêtres pouvaient, eux qui sont
revêtus du caractère sacré, s'inspirer de cette
pureté du culte liturgique pour mieux attirer les
fidèles à nos augustes et solennelles cérémonies, et
réveiller dans les cœurs les plus profonds sentiments de foi, d'amour envers Jésus-Christ, la vie de
nos âmes.

Le Souverain Pontife, le très aimé Pie X, pensait
certainement à la famille religieuse de la Mère
Marie de Jésus et à l'esprit particulier qui la carac-
térise lorsque dans son admirable discours au
Clergé, du 4 août 1908, il exprime ses sentiments de
joie et d'admiration pour cette vie d'immolation en
faveur du sacerdoce catholique : vie à laquelle
s'associent des milliers d'âmes vivant dans le
monde.

Je me fais un plaisir de reproduire ici les paroles
mêmes du Saint-Père, elles serviront de complé-
ment et de sceau à cet appendice.

‹Les yeux levés au ciel nous renouvelons souvent pour tout le clergé, la supplication même de

Jésus-Christ: ‹Père Saint, sanctifiez-les.› Nous nous réjouissons qu'un très grand nombre de fidèles de toute condition, se préoccupant vivement de notre bien et de celui de l'Eglise, s'unissent à nous dans cette prière: il ne nous est pas moins agréable de savoir qu'il y a aussi beaucoup d'âmes généreuses non seulement *dans les cloîtres,* mais encore au milieu même de la vie du siècle qui, dans une oblation ininterrompue se présentent en victimes saintes à Dieu dans ce but.

Que le Très-Haut agrée comme un suave parfum, leurs prières pures et sublimes et qu'Il ne dédaigne pas nos très humbles supplications.›(*)

(*) Sublevatis in cœlum oculis, Christi Domini voce super universum clerum frequenter iteramus: Pater sancte... sanctifica eos. In qua pietate lætamur per multos ex omni fidelium ordine Nobiscum comprecantes habere, de communi vestro et Ecclesiæ bono vehementer sollicitos: quin etiam incundum accedit, haud paucas esse generosioris virtutis animas, non solum in sacratis septis, sed in media ipsa sæculi consuetudine, quæ ob eamdem causam sese victimas Deo votivas non intermissa contentione exhibeant. Puras eximiasque eorum preces in odorem suavitatis summus Deus accipiat, neque humillimas abnuat preces Nostras.

Pius P P. X in Exhortatione ad Clerum catholicum. die 4 aug. anno 1908. Pontificatus ineunte VI.

Que la Vierge Immaculée Reine et Mère des prêtres, présente au Divin Roi Jésus ces vœux ardents du Souverain Pasteur des âmes et que sa toute puissance suppliante sauve pour l'éternité les membres de la hiérarchie ecclésiastique.

Mater æterni sacerdotis Christi Jesu, ora pro nobis.

Florence, 23 août 1908. Fête du Cœur très pur de Marie.

P. Louis Dominicali.

K. Oberholzer's Buchdruckerei, Uznach.

www.ingramcontent.com/pod-product-compliance
Lightning Source LLC
Chambersburg PA
CBHW061739050726
47598CB00002B/547